一本书读懂
新基建

谷建阳◎编著

U0309557

清华大学出版社
北京

内 容 简 介

本书包含10章专题内容，共61个案例、108个问题、140张图片、170个图解，从零开始深度解读新基建的奥秘。

全书分两大板块对新基建的相关内容进行了解读。概念解读篇由浅入深地介绍了新基建的概念特征、本质内涵和应对举措等内容，让读者可以对新基建有个整体的认识并看懂其背后的逻辑。建设领域篇详细介绍了新基建的7个重点建设领域，具体包括5G技术、特高压、充电桩、城际交通、数据中心、人工智能和工业互联网，以追踪溯源的方式来解读各个领域的特征、发展现状、应用场景等，并结合相关案例来阐述其建设的重要意义，帮助读者对新基建有更深入的了解。

本书逻辑架构清晰明了，适合对新基建感兴趣的读者，特别是5G基建、新能源、大数据、工业互联网、特高压、城际交通等新科技与硬科技行业的相关人士。

图书在版编目(CIP)数据

一本书读懂新基建 / 谷建阳编著. —北京：清华大学出版社，2023.5
ISBN 978-7-302-63282-5

Ⅰ. ①一… Ⅱ.①谷… Ⅲ. ①基础设施建设—基本知识 Ⅳ.①F294

中国国家版本馆CIP数据核字(2023年)第059401号

责任编辑：张　瑜
封面设计：杨玉兰
责任校对：周剑云
责任印制：曹婉颖

出版发行：清华大学出版社
　　　　网　　址：http://www.tup.com.cn, http://www.wqbook.com
　　　　地　　址：北京清华大学学研大厦A座　　　　邮　　编：100084
　　　　社 总 机：010-83470000　　　　邮　　购：010-62786544
　　　　投稿与读者服务：010-62776969，c-service@tup.tsinghua.edu.cn
　　　　质量反馈：010-62772015，zhiliang@tup.tsinghua.edu.cn
印 装 者：三河市天利华印刷装订有限公司
经　　销：全国新华书店
开　　本：170mm×240mm　　印　　张：14.75　　字　　数：235千字
版　　次：2023年6月第1版　　印　　次：2023年6月第1次印刷
定　　价：79.80元

产品编号：088432-01

前言

新型基础设施建设，简称新基建，是包括 5G 技术、特高压、充电桩、城际交通、数据中心、人工智能和工业互联网 7 个重点建设领域在内的基础设施建设。相较于传统的基础设施建设，新基建是以新发展理念为前提，以技术创新为驱动，以信息网络为基础，提供数字转型、智能升级、融合创新等服务的基础设施体系。

新基建是智能化信息时代不断深入的产物，从短期来看，新基建的推进能够扩大国内需求、增加就业岗位，缓解全球严峻形势带来的产出缺口、经济下行压力；从长远来看，新基建是实现产业数字升级的重要手段，能够显著提高国民经济运行效率，为我国经济长期稳定发展提供有力支撑。

目前，新基建尚处于起步阶段，具有巨大的投资空间。例如，在 5G 领域，5G 基站的建设数量不断增加，商业化进程加快与应用场景不断拓展；在数据中心领域，互联网龙头企业争相建设超大规模的数据中心，云数据中心将提供超速率、超强算力的数据处理与分析服务；在工业互联网领域，海尔、三一重工、徐工集团等大型工业企业纷纷加强与互联网的合作，初步构建了工业互联网平台，并实现产业向数字化转型；在人工智能领域，互联网巨头企业加快拓展 AI 在自动驾驶、人脸识别、医疗读片等领域的生态化场景应用。

未来，随着新基建的技术不断成熟、规模不断扩大，新基建带来的经济效益将呈现指数型的增长趋势，不断涌现大量的新经济形态，加速中国经济"全面在线"时代的到来，且助力中国实现"制造强国""网络强国"的建设目标。

本书从新基建的概念解读和建设领域两大板块入手，向读者详细介绍了其概念特征、本质内涵、应对举措和重点建设领域等内容，希望能对读者有所启发。

本书对新基建的核心内容进行了全面的解读，帮助读者一本书读懂新基建的运行规模，抓住新基建的市场机遇。

本书由谷建阳编著，参与编写的人员还有朱霞芳等人，在此表示感谢。由于作者知识水平有限，书中难免有错误和疏漏之处，恳请广大读者批评、指正。

编著者

目录

概念解读篇

建设领域篇

概念解读篇

第1章

初次诠释：新基建的概念特征

学前提示

我们知道，基础设施是遍布于城市、乡镇等地的公共服务设施，而新基建又是指什么呢？新基建与传统的设施建设有何不同呢？本章将详细介绍新基建的概念、特征、相关政策等内容，帮助读者初步认识新基建。

001 新基建是什么

2018 年 12 月，中央经济工作会议中首次提出了新基建的概念。新基建，全称为新型基础设施建设，"新"是相对于"旧"而言的，也就是说，新基建与传统的基础设施建设相关，了解新基建可以从了解传统的基础设施建设开始。

传统的基础设施建设，是指满足人们生产、生活的工程建设，包括现存于城镇、乡村各地的住房、办公场所、服务设施、交通运输、通信设备、能源和资源开发等项目。基础设施建设推动着人类文明的进步，具体表现为 3 个作用，如图 1-1 所示。

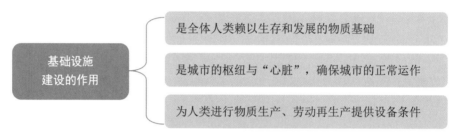

图 1-1　基础设施建设的作用

然而，随着人类文明的不断进步，传统的基础设施建设已经难以满足社会的经济发展和人类的生产、生活需求了，新型基础设施建设（简称新基建）由此诞生。新基建是包括 5G 基建、工业互联网、人工智能等在内的基础设施建设（见图 1-2），存在的主要目的是以数字化、智能化的技术来升级传统的基础设施建设。

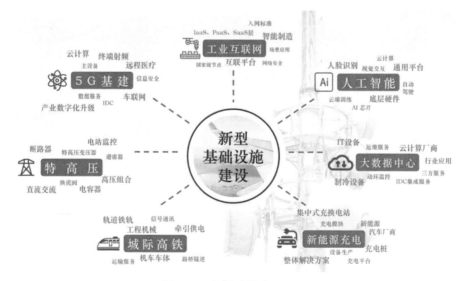

图 1-2　新基建的建设项目

002　新基建有什么特征

与传统的基础设施建设相比，新基建主要具有如图 1-3 所示的几个特征。

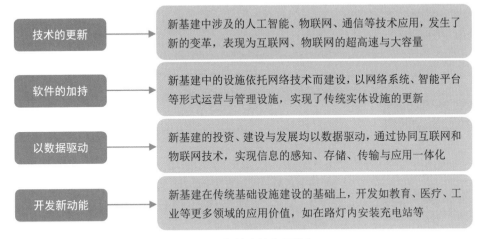

技术的更新	新基建中涉及的人工智能、物联网、通信等技术应用，发生了新的变革，表现为互联网、物联网的超高速与大容量
软件的加持	新基建中的设施依托网络技术而建设，以网络系统、智能平台等形式运营与管理设施，实现了传统实体设施的更新
以数据驱动	新基建的投资、建设与发展均以数据驱动，通过协同互联网和物联网技术，实现信息的感知、存储、传输与应用一体化
开发新动能	新基建在传统基础设施建设的基础上，开发如教育、医疗、工业等更多领域的应用价值，如在路灯内安装充电站等

图 1-3　新基建的主要特征

003　新基建为什么会诞生

新基建产生于社会经济发展与人们生产、生活的需要，具体可以从当前的国际形势、国内的产业发展以及新基建的建设条件 3 个方面，详细探究新基建的诞生。

1. 当前的国际形势

从 2020 年开始，新冠疫情在全球暴发，各个国家被迫暂停经济发展、产业调整的进程，受疫情影响，大致存在如图 1-4 所示的几个问题。

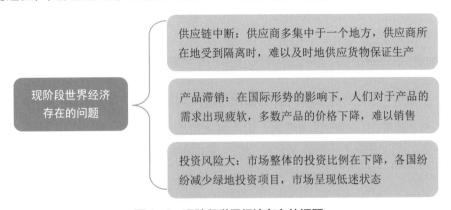

现阶段世界经济存在的问题	供应链中断：供应商多集中于一个地方，供应商所在地受到隔离时，难以及时地供应货物保证生产
	产品滞销：在国际形势的影响下，人们对于产品的需求出现疲软，多数产品的价格下降，难以销售
	投资风险大：市场整体的投资比例在下降，各国纷纷减少绿地投资项目，市场呈现低迷状态

图 1-4　现阶段世界经济存在的问题

与此同时，全球资产配置格局已经发生了改变，投资市场出现低迷、占比失调等现象，具体内容如图 1-5 所示。

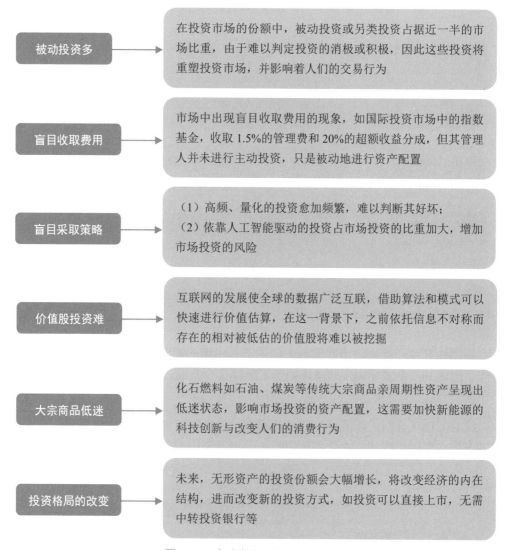

| 被动投资多 | 在投资市场的份额中，被动投资或另类投资占据近一半的市场比重，由于难以判定投资的消极或积极，因此这些投资将重塑投资市场，并影响着人们的交易行为 |

| 盲目收取费用 | 市场中出现盲目收取费用的现象，如国际投资市场中的指数基金，收取 1.5% 的管理费和 20% 的超额收益分成，但其管理人并未进行主动投资，只是被动地进行资产配置 |

| 盲目采取策略 | （1）高频、量化的投资愈加频繁，难以判断其好坏；（2）依靠人工智能驱动的投资占市场投资的比重加大，增加市场投资的风险 |

| 价值股投资难 | 互联网的发展使全球的数据广泛互联，借助算法和模式可以快速进行价值估算，在这一背景下，之前依托信息不对称而存在的相对被低估的价值股将难以被挖掘 |

| 大宗商品低迷 | 化石燃料如石油、煤炭等传统大宗商品亲周期性资产呈现出低迷状态，影响市场投资的资产配置，这需要加快新能源的科技创新与改变人们的消费行为 |

| 投资格局的改变 | 未来，无形资产的投资份额会大幅增长，将改变经济的内在结构，进而改变新的投资方式，如投资可以直接上市，无需中转投资银行等 |

图 1-5　全球资产配置格局的变化

基于上述变化，对于我国而言，运用基础设施建设和能源转型项目作为刺激投资的手段，可以缓解上述问题带来的损失，从而推动经济的发展。

专家提醒

　　另类投资是指对艺术品、大宗商品（原料、石油等商品）、房地产等金融或实物资产的投资。价值股指股价被低估、具有投资潜力的一类股票。亲周期性表示金融部门与实体经济之间相互作用，是一种正向反馈机制。

2. 国内的产业发展

　　我国的产业发展具有不可复制的产业链条变化、基础设施投入取得了巨大的成就、高效低价的物流网络建设和高附加值产业的需求大等特征，这些特征可以为新基建创造条件，具体内容如下。

　　（1）1984 年城市经济体制改革后，我国的产业链发展大致经历了如图 1-6 所示的几个变化。现阶段，我国处于产业链后两个阶段共同发展的时期，市场中不断增长的需求刺激了新基建项目的产生。

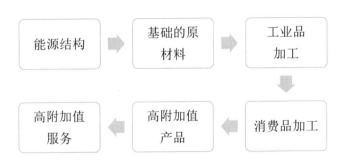

图 1-6　我国产业链发展的变化

　　（2）2008 年，我国政府制定了"4 万亿计划"，用于国家的基础设施建设，如高铁、高速公路、地铁、机场和航空等项目。过去的 40 年间，我国的产业发展除了高附加值产品和高附加值服务这两个阶段，其他的工业品消费也都取得了举世瞩目的成绩，推动着新基建的产生与发展。

　　（3）高效低价的物流网络建设为新基建奠定基础，如特高压直流在输送电能时，依托物流技术将电能输送至各个电能需求方，然后加以应用。我国的物流网络具有如图 1-7 所示的几个主要特点。

　　（4）新型的市场竞争环境与我国产业发展的需求，决定了我国将经济发展重点放在高附加值产业上，并且对这类高附加值产业加大投资力度。

反应迅速：现代物流能对配送需求迅速作出反应

功能集成：物流与供应链的各个环节集成提供服务

物流网络的
主要特点

服务完善化：物流扩展服务的外延与质量得到完善

作业规范化：现代物流的管理与监控水平大幅提升

组织网络化：形成物流活动一致性的网络体系

图1-7　物流网络的主要特点

专家提醒

　　高附加值产业即与数字化经济相关的产业，在市场竞争中体现为高科技产品的销售，如5G产品的广泛应用。这类产品的发展需要新基建的支持，且未来时代发展更具智能化与信息化，使投入新基建成为我国产业发展的必要。

3. 新基建的建设条件

　　我国投入新基建具有特殊的优势，一是我国产业链发展刚好到了高附加值产业的时机，具有工程师红利、劳动力储备、新技术的应用和产业结构升级等优势，详细说明如图1-8所示。

　　二是区域性经济结构带来了市场需求。我国拥有特殊的区域性经济结构，扩展了新基建的需求，如长江三角洲区域性经济发展依托于交通建设，为我国开展与东盟国家的贸易性合作提供枢纽，使我国企业将低附加值的产业转移至东南亚地区，进而集中精力发展高附加值产业，并快速完成产业的转型升级。

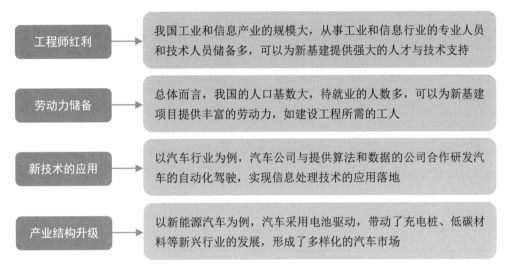

工程师红利	我国工业和信息产业的规模大，从事工业和信息行业的专业人员和技术人员储备多，可以为新基建提供强大的人才与技术支持
劳动力储备	总体而言，我国的人口基数大，待就业的人数多，可以为新基建项目提供丰富的劳动力，如建设工程所需的工人
新技术的应用	以汽车行业为例，汽车公司与提供算法和数据的公司合作研发汽车的自动化驾驶，实现信息处理技术的应用落地
产业结构升级	以新能源汽车为例，汽车采用电池驱动，带动了充电桩、低碳材料等新兴行业的发展，形成了多样化的汽车市场

图 1-8　高附加值产业的优势

004　新基建的相关政策有哪些

国家对于新基建的构思讨论了许久，从 2018 年开始，我国陆续出台了相关的政策与规划，具体如表 1-1 所示。

表 1-1　国家出台的新基建相关政策

提出时间	政策内容
2018 年 12 月，由中央经济工作会议提出	加大制造业技术改造和设备更新，加快 5G 商用步伐，加强人工智能、工业互联网、物联网等新型基础设施建设
2019 年 3 月，由中央政府工作报告指出	加大城际交通、物流、市政、灾害防治、民用和通用航空等基础设施投资力度，加强新一代信息基础设施建设
2019 年 7 月，由中央政治局会议提出	稳定制造业投资，实施城镇老旧小区改造、城市停车场、城乡冷链物流设施建设等补短板工程，加快推进信息网络等新型基础设施建设
2019 年 12 月，由中央经济工作会议指出	加强战略性、网络型基础设施建设，推进川藏铁路等重大项目建设，稳步推进通信网络建设
2020 年 1 月，由国务院常务会议指出	大力发展先进制造业，出台信息网络等新型基础设施投资支持建设，推进智能化、绿色化制造业发展
2020 年 2 月，由中央全面深化改革委员会第十二次会议指出	基础设施是经济社会发展的重要支撑，要以整体优化、协同融合为导向，统筹存量与增量、传统和新型基础设施发展，打造集约高效、经济适用、智能绿色、安全可靠的现代化基础设施体系

续表

提出时间	政策内容
2020 年 2 月，由中央政治局会议强调	加大试剂、药品等研发支持力度，推动生物医学、医疗设备、5G 网络、工业互联网等加快发展
2020 年 3 月，由中央政治局会议指出	要加快 5G 网络、数据中心等新型基础设施建设的进度
2020 年 10 月，《中共中央关于制定国民经济和社会发展第十四个五年规划和 2035 年远景目标的建设》中提出	构建系统完备、高效实用、智能绿色、安全可靠的现代化基础设施体系，系统布局新型基础设施，加快第五代移动通信、工业互联网、大数据中心等建设

005　新基建的战略意义是什么

新基建受国际形势、产业发展和建设条件的驱动，成为时代发展的需要和国家的投资重点。具体来说，它具有完善基础设施、推动产业升级和促进经济可持续性发展的战略意义，详细说明如下。

1. 完善基础设施

传统的基础设施是指居民住房、车辆交通、医疗服务等基础性的公共设施，新基建是融入信息化技术，构建智慧化、数字化社会而建设的基础设施。如果说传统的基础设施保障了人们基本的生活水平，那么新基建则是为人们带来高层次、高服务水平的生活方式，因此在一定程度上，新基建是对传统基建的完善与优化。

2. 推动产业升级

新基建可以推动上、中、下游产业链的升级，具体表现为如图 1-9 所示的几个方面。

新基建推动产业升级的表现

- 新基建为传统产业提供数字化、网络等设备支持，如 5G、大数据中心等项目为产业发展提供支持
- 新基建对电子设备的需求，可以直接带动电子信息制造业、服务业等产业的发展
- 工业互联网的建设，加快工业企业内部向数字化、信息化的升级，提高工业生产的效率

图 1-9　新基建推动产业升级的表现

3. 经济可持续性发展

传统的基础设施建设在投资过程中，受到政府债务约束和边际效应递减的局限，且已取得了一定的成就，因此发展空间受限，而新基建具有更大的发展空间与潜能，是未来经济可持续发展的有效投资。图 1-10 所示为 2017—2022 年中国物联网市场规模预测趋势图。

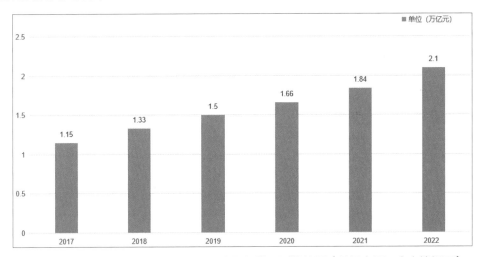

图 1-10　2017—2022 年中国物联网市场规模预测趋势图（数据来源：中商情报网）

006　新基建"新"在哪里

当前，在制造业投资减弱和房地产投资显著下降的背景下，新基建投资成为我国固定资产投资的关键。与传统的基建投资相比，新基建投资的目标在于"补短板、稳增长、稳就业和全面释放经济潜能"，具体来说，新基建是一次全新的投资，主要体现在以下 4 个方面。

1. 投资新领域

投资新领域，是指新基建在开发领域上还有更大的空间，具体说明如图 1-11 所示。

2. 投资新机制

新基建在投资方面采取加大中央财政支持力度和拓展融资渠道相结合的建设机制，详细说明如下。

（1）在中央财政支持力度方面，我国政府投资新基建具有 3 个优势，如图 1-12 所示。

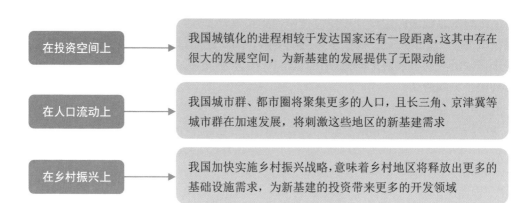

图 1-11　新基建的投资新领域

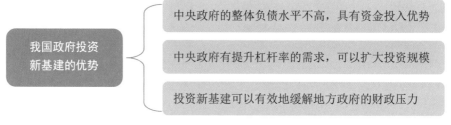

图 1-12　我国政府投资新基建的优势

（2）在拓展融资渠道方面，政府需要与企业合作，引入民间资本，创造新的投资机制，形成多元化的融资模式。例如，政府与民营企业合作建设轨道交通，以投资占股的方式实现互利共赢。

3. 投资新主体

在新基建的投资中，更多民营资本的进入改变了过去以政府为投资主体的格局，创造了多元化的投资主体模式，为新基建提供了多种融资渠道。为巩固新基建的这一投资模式，相关单位可以采取如图 1-13 所示的措施。

4. 投资新领域

新基建的投资领域重点为强战略性、网络型的设施建设，且发挥社会结构变革、产业结构升级和消费行为更新的作用。具体而言，新基建的投资领域有 4 类，如图 1-14 所示。

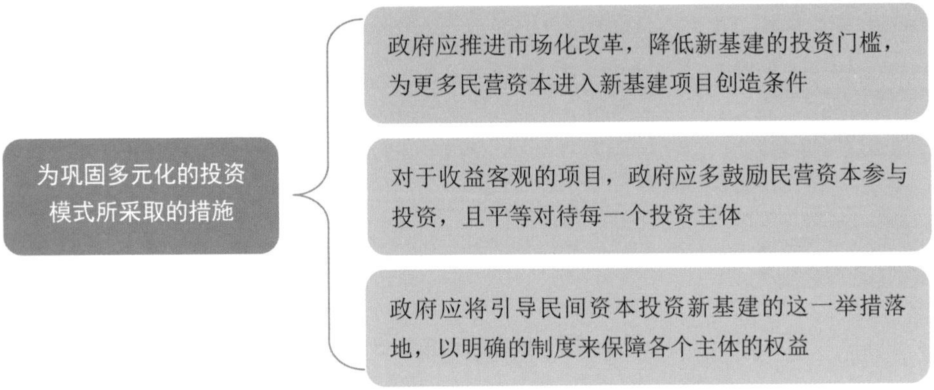

政府应推进市场化改革，降低新基建的投资门槛，为更多民营资本进入新基建项目创造条件

对于收益客观的项目，政府应多鼓励民营资本参与投资，且平等对待每一个投资主体

为巩固多元化的投资模式所采取的措施

政府应将引导民间资本投资新基建的这一举措落地，以明确的制度来保障各个主体的权益

图 1-13　为巩固多元化的投资模式所采取的措施

基础网络建设：如数据中心、5G 网络等

环保设施建设：如特高压、轨道交通等

新基建投资领域的 4 种类型

民生保障项目：智能教育、智能医疗、智能交通等

市政工程建设：如城市停车场、冷链物流等

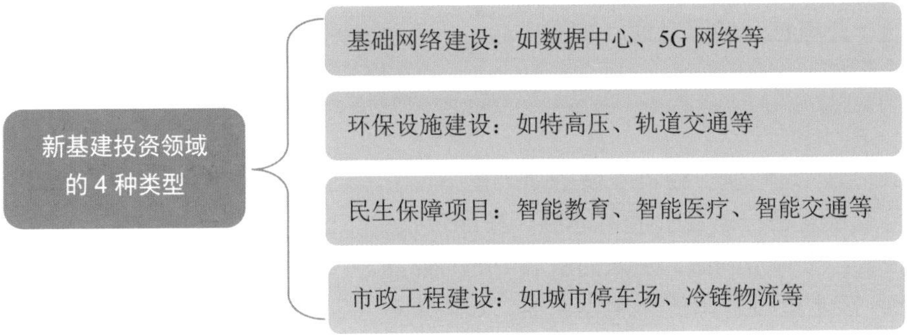

图 1-14　新基建投资领域的 4 种类型

007　新基建包含哪些方面

根据国家发展和改革委员会的权威解读，新基建包含 3 个方面的内容，即信息基础设施、融合基础设施和创新基础设施，详细介绍如图 1-15 所示。

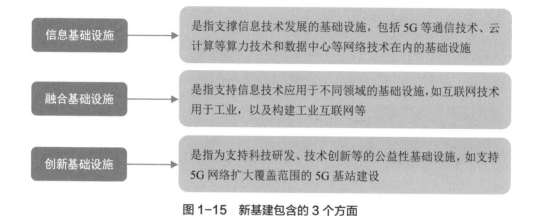

图 1-15　新基建包含的 3 个方面

008　新基建涵盖哪些领域

从新基建项目中包含的 3 个方面来看，新基建具体包括 7 个领域，即 5G 技术、特高压、充电桩、城际交通、数据中心、人工智能和工业互联网。本节将简要介绍这 7 个领域。

1. 5G 技术

5G 技术堪称是"经济发展的新动能"，它作为移动通信领域的突破性技术，应用范围涉及各行各业。通俗地讲，在现今社会，5G 技术架构的网络对于人们的重要性相当于柴米油盐，是人们生活中的必需品。

5G 技术直接发挥的作用是通信，如人们在手机中插入 5G 电话卡，即可享受跨地域、与人无障碍的交流，以及在 5G 网络下，人们可以享受海量的信息、高清的视频和超高速的网速等服务。

5G 技术的发展可以带动相关产业的发展，其产业链如图 1-16 所示，并可以为工业互联网、人工智能、车联网等战略性新兴产业发展提供技术支持。

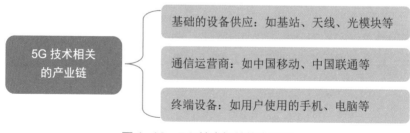

图 1-16　5G 技术相关的产业链

2. 特高压

在我国，特高压是指 800 千伏及以上的直流电和 1000 千伏及以上交流电的电压等级，主要用于电能的输送。

现今，在夜晚时分，我们在各个街道或巷口随处可见的路灯，高楼大厦里亮起的点点星光，都要归功于特高压。尤其是我国东南部的电能多数由西北部地区传输而来，即"西电东送"工程，特高压在这一工程中发挥着"主力军"的作用。

早在 1986 年，我国便开始了特高压的建设，并以商业化模式来建设特高压，开发了不少输电线路。时至今日，特高压项目在我国市场的发展空间依然很大，扩展线路建设的范围、拓宽融资渠道，是我国特高压项目稳定发展、持续增长的方向。特高压相关的产业链如图 1-17 所示。

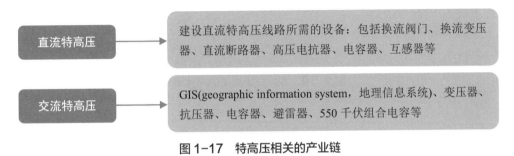

图 1-17　特高压相关的产业链

3. 充电桩

充电桩是为新能源电动汽车提供充电服务的设备，相当于手机的充电宝。在有关碳中和、碳达峰的政策指引下，我国市场对于新能源汽车的需求激增，为提高新能源电动汽车的续航能力以满足消费者的需求，国家加大了对充电桩建设的支持力度，并对未来将建设的充电桩数量和规模进行了规划，刺激了充电桩产业的发展。

充电桩分为公共充电桩和私人充电桩两种，主要是为了满足新能源汽车的充电需求，少部分用于电动摩托车和电动自行车，如给电动摩托车充电，相关的产业链如图 1-18 所示。

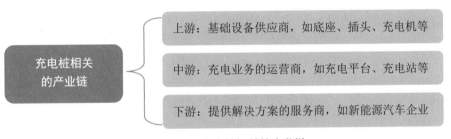

图 1-18　充电桩相关的产业链

4. 城际交通

城际交通，是贯穿于城市之间的交通，包括城际高速铁路和城际轨道交通。城际交通在交通网络中占据重要的地位，不仅对我国交通设施的完善具有重要的助力作用，而且为我国出口业务提供干线支持，在"一带一路"倡议中也发挥着重要的作用。以城际高速铁路为代表的高铁，已经成为我国的一张"新名片"。

城际交通建设的相关产业涵盖原材料、机械设备、运输服务等领域，具体的产业链如图1-19所示。

城际交通相关的产业链

- 上游：原材料和基础建筑，如铁轨、桥、高架等
- 中游：机械、电力设备，如挖掘机、供电站等
- 下游：服务商，如城轨运营服务、客货运输服务等

图1-19　城际交通相关的产业链

5. 数据中心

数据中心是提供互联网大数据收集、存储、处理、分析的场所，相当于互联网中各种数据的"家"。数据中心会存放各种物理设备，如供电设备、数据库设备等，用于构建"云平台"。

随着互联网应用的不断深入，其对数据中心的数据处理、存储等能力要求也越来越高，建设更大、更高级别的大数据中心或云数据中心成为大势所趋。数据中心的相关产业链如图1-20所示。

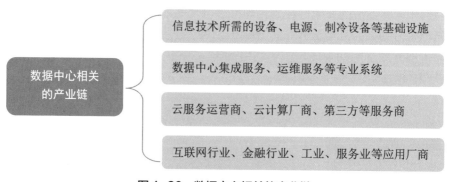

数据中心相关的产业链

- 信息技术所需的设备、电源、制冷设备等基础设施
- 数据中心集成服务、运维服务等专业系统
- 云服务运营商、云计算厂商、第三方等服务商
- 互联网行业、金融行业、工业、服务业等应用厂商

图1-20　数据中心相关的产业链

6. 人工智能

人工智能是为解放人类双手而发明的智能化技术，其应用有遍布于服务场所的

机器人、模拟人类声音或视觉的处理器、从事工厂流水线作业的自动化机器等。人工智能是时代发展或技术发展的先导，能够推动新一轮的产业革命与社会变革。图 1-21 所示为人工智能相关的产业链。

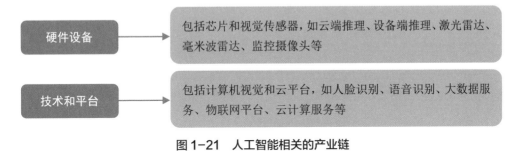

图 1-21　人工智能相关的产业链

7. 工业互联网

工业互联网是指将互联网技术融入工业领域中，形成智能化、数字化的工业制造流程，旨在完成我国从"制造大国"转化为"制造强国"的使命。工业互联网相关的产业链如图 1-22 所示。

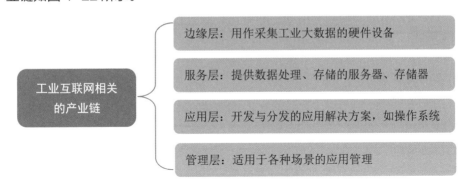

图 1-22　工业互联网相关的产业链

009　新基建的技术支撑是什么

从新基建的涵盖领域可以看出，新基建是关于智能化、数字化的设施建设，需要大量的计算机、通信网络等技术的支撑，具体内容如图 1-23 所示。

这些技术支撑是有效发挥新基建作用的基础，也是开发新技术的核心所在。而当前，我国必须加大科技创新投入和改革科技创新机制，以巩固新基建的技术支撑，这也是今后新基建的发展方向之一。

新基建的技术支撑

- **软件产品**
  包括操作系统、数据库、工业软件设计、应用App等

- **集成电路**
  包括微处理器、存储器、光刻机等

- **电子元器件**
  包括高功率激光器、半导体光放大器等

- **半导体材料和设备**
  包括电子级多晶硅、电子气体等

- **新型显卡**
  包括8.5代及以上液晶基板玻璃、柔性玻璃等

- **网络安全**
  包括各种智能处理系统、处理泛在化内生安全系统等

图 1-23　新基建的技术支撑

010　新基建的政策工具有哪些

相比传统的基建，新基建不再是单纯的以政府为主导的建设项目了，商业化模式与民营资本的加入让新基建呈现出新的发展态势。

但是，新基建相较于市场中的其他工程而言，毕竟是个非常大的建设项目，因此容易出现投资动力或能力不足的现象。为此，相关政府部门应积极与市场配合，并加大综合施策的力度，共同推进新基建。具体来说，新基建可以借助的政策工具如表 1-2 所示。

表 1-2　新基建的政策工具

相关政策	具体内容
加强导向规划和配套设施	制订中长期的新基建规划，明确原则、目标、任务和举措等，确定重点建设项目，并对相应的建设领域配套指导性意见
发挥开发性、政策性的金融工具的作用	依托国家信用，支持国家开发银行、农业发展银行等发行债券，为新基建开放贷款窗口
借助财政政策定向引导新基建	设置财政科技专项基金，重点支持技术创新与攻关，以及引导和鼓励社会资本参与，构建多元化基金投入模式
灵活运用基础设施信托投资基金	设计不同的基础设施信托投资基金产品，盘活各个资产存量；推进基础设施信托投资基金试点，对这类产品给予税收优惠
全力推进政府数据开放共享	出台法规，健全政府数据开放机制与企业数据交换机制
国有企业科技的攻关、落责	改革国有企业的科研管理体制，增强其在新基建项目中科技创新的责任，可以通过改革绩效考核机制来激励创新成果的出现

相关政策	具体内容
鼓励民营企业开发与拓宽更多的应用场景	逐步降低或放开市场准入门槛，让民营企业积极开发、拓宽新基建的应用场景，营造公平的市场竞争环境
调整优化能源消耗政策	对能源消耗总量进行控制，对不同强度的消耗采取不同的管理方式；充分考虑新基建中的用电需求，并对建设供电所、电力市场化等给予支持
土地建设管理部门开放通道	各级政府可合理规划土地，为新基建的建设提供场地资源

第 2 章

揭示本质：新基建与数字经济

学前
提示

　　通过对新基建的初步了解，我们可以得知新基建与数字化有关，而数字化是未来时代发展的一个趋势，也就是大数据时代。数字化将会涵盖社会经济与生活的各个方面，而其中数字经济占主要地位，这也是本章要重点介绍的内容。

011 数字经济的由来是什么

数字经济（digital economy）又称为信息经济，是依托互联网技术而产生的经济形态，与农业、工业、服务业相对应。数字经济也是一种产业形态，由传统的产业形态演变而来。具体而言，可以从 3 个方面来解读数字经济，如图 2-1 所示。

数字经济的具体解读
- 以数字化的知识和信息来配置、优化资源
- 是对云计算、物联网、区块链等新兴技术的应用
- "新制造""新零售"等都是数字经济的成果

图 2-1　数字经济的具体解读

 专家提醒

"新制造"是由传统制造业升级而来的产业，典型的应用是将机器人用于制造业自动化生产。"新零售"是商品销售的最新模式，指将线上服务通过现代物流送至线下消费者，使消费者得以享受更好的服务的零售新模式。图 2-2 所示为"新零售"的场景演示。

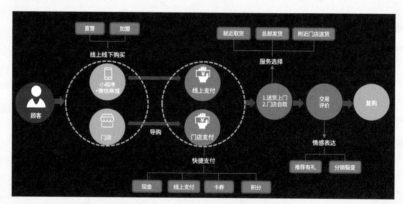

图 2-2　"新零售"的场景演示

"数字经济"一词源于 20 世纪 90 年代加拿大商业策略专家唐·塔普斯科特所著的书——《数字经济》，该书详细地阐述了互联网对社会经济的影响。后来，数字经济的概念开始广为流传，并被人们普遍接受，且数字经济已经成为推动经济增

长的重要手段。

直至 21 世纪，大力发展数字经济成为世界各国的共识，各国纷纷采取不同的战略举措。例如，俄罗斯于 2017 年制定了俄罗斯联邦数字经济规划；英国于 2017 年 5 月颁布了《数字经济法案》，以法律的形式引导数字经济发展；我国于 2016 年春节前后确定了主推的"国家信息经济示范区"。

数字经济是一个与时俱进的概念，成为现今经济发展的"新动能"。2016 年的 G20 杭州峰会上，首次发布了由全球多个国家共同签署的数字经济文件——《二十国集团数字经济发展与合作倡议》，这份倡议中提出"数字经济是指以数字化知识和信息为生产要素、以现代信息网络为重要载体、以有效使用信息通信技术来提升效率和优化经济结构的一系列经济活动"。这一阐述对数字经济进行了精辟的概括，指出了数字经济的核心和本质，为数字经济的发展提供了明确的理论指导。

012　数字经济有什么特点

由于数字经济依托于互联网技术而产生，所以探究其特征就需要对互联网技术有一定的了解，具体可从著名的网络经济 3 大定律入手，如图 2-3 所示。

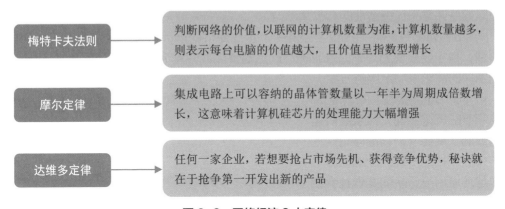

梅特卡夫法则	→	判断网络的价值，以联网的计算机数量为准，计算机数量越多，则表示每台电脑的价值越大，且价值呈指数型增长
摩尔定律	→	集成电路上可以容纳的晶体管数量以一年半为周期成倍数增长，这意味着计算机硅芯片的处理能力大幅增强
达维多定律	→	任何一家企业，若想要抢占市场先机、获得竞争优势，秘诀就在于抢争第一开发出新的产品

图 2-3　网络经济 3 大定律

专家提醒

　　梅特卡夫法则是乔治·吉尔德以计算机网络先驱罗伯特·梅特卡夫的姓氏命名的定律，主要是关于网络价值和网络技术发展的规律。摩尔定律是英特尔创始人之一——戈登·摩尔的经验之谈；达维多定律是英特尔公司高级行销主管威廉·H.达维多关于企业经营的思考。

上述3大定律影响着数字经济，并决定了数字经济的基本特点，具体说明如下。

（1）高效便捷性：数字经济依托互联网技术，将全球构筑成一个网络体，跨越时间、空间的限制，实现信息的传输与人际交往，且信息传输速率以光速计量，具有实时、快速的特点。

（2）强渗透性：网络技术、信息技术广泛应用于各个领域，使得数字经济中信息服务渗透进农业、工业中，构成"智慧农业""数字工业"，各个产业间的界限愈加模糊，呈现出融合发展的趋势。

（3）自我膨胀性：在数字经济中，网络产生的价值和效益会随着网络用户的增长而呈指数型增长，这也意味着，能力强的企业其优势达到一定程度之后，会因为人们的思维模式和行为惯性而自行强化，从而出现"强者更强，弱者更弱"的局面。这就好比，苹果手机首先推出性能优越的产品，在手机市场中占据了优势，尽管价格偏高，但消费者出于某些心理反应，还是会优先选择购买苹果手机，而随着购买人数的增加，生产苹果手机的企业在获得一定的利润之后会进一步地优化产品，进而占据市场优势，甚至形成市场垄断。

（4）边际效益递增：由于数字经济的智能化与高效性，产品经过大规模生产，其边际成本会下降，而成本的降低会使企业加大投入、升级产品，进而为企业带来边际效益递增（即持续性的高收益）。

（5）外部经济性：在数字经济中，企业提供的产品与用户数量具有较大的相关性，其主要表现为用户人数越多，产品的性能或效用会越好，这是因为企业会根据用户的需求来制定服务方案。

（6）可持续性：在保护环境和节能减排方面，数字经济是有效的"良药"，它能够有效地防止甚至杜绝传统产业的能源浪费与环境污染，从而实现社会经济的可持续发展。

（7）直接性：体现为数字经济中的经济组织结构是扁平化的（表示去除烦琐、厚重），因此生产者可以直接与消费者取得联系，无需经销商等中间阶段便可以完成产品的销售，如图2-4所示。

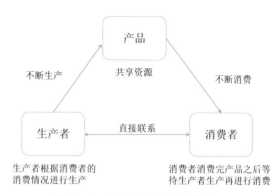

图2-4　数字经济直接性的体现

013　数字经济的发展趋势如何

在各国纷纷对数字经济引起重视之际，数字经济从初见雏形到发展阶段，呈现出 4 种发展趋势，如图 2-5 所示。

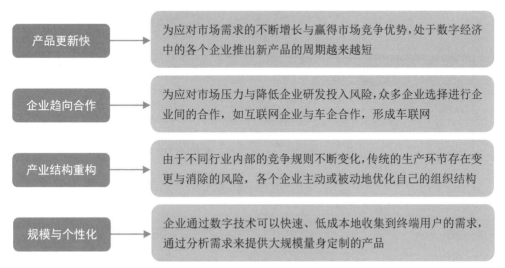

产品更新快	为应对市场需求的不断增长与赢得市场竞争优势,处于数字经济中的各个企业推出新产品的周期越来越短
企业趋向合作	为应对市场压力与降低企业研发投入风险,众多企业选择进行企业间的合作,如互联网企业与车企合作,形成车联网
产业结构重构	由于不同行业内部的竞争规则不断变化,传统的生产环节存在变更与消除的风险,各个企业主动或被动地优化自己的组织结构
规模与个性化	企业通过数字技术可以快速、低成本地收集到终端用户的需求,通过分析需求来提供大规模量身定制的产品

图 2-5　数字经济的发展趋势

如今，在严峻的社会经济环境下，数字经济的发展更加受到重视，成为重塑全球经济结构的重要中坚力量。清华大学互联网产业研究院的研究报告显示，2022年我国数字经济发展将呈现出如图 2-6 所示的几大趋势。

除此之外，我国农业领域数字化转型的步伐也会加快，农村数字化新基建将被完善。与此同时，我国政府的数字治理体系也将进一步完善，这有助于维护数字生态的开放、健康与安全。

专家提醒

区块链是一种数据结构，其原理是以区块连接成链条的形式来保存数据信息。区块链技术是数据资产化（数据资源转换为收益）的底层技术，能够确保数据流通的公平性，通过 NFT（non-fungible token，非同质化通证，即为每一个数据信息标注上唯一的记号）架构在区块链上，使数字资产具有唯一性、不可篡改性，以此保障数据归属地的合法权益，进而营造公平的数据交易环境。

政府数据与社会资源同步开发，共同适应市场需求

新基建加强应用场景创新，促进企业数字化转型

数字科学与其他科学领域加速融合，重塑社会规则

2022 年我国数字
经济发展的趋势

引入投资奖励模式，落实企业的创新主体地位

支持区块链技术渗透至各行业中，营造公平的环境

第三方数据服务产业涌现，成为地方的发展特色

更具信用与高服务水平的新型电商平台开始出现

产业数字金融成为传统产业数字化转型的突破口

图 2-6　2022 年我国数字经济发展的趋势

　　值得注意的是，第三方数据服务产业的出现是 2022 年开始数字经济发展的一个新的特征。第三方数据服务产业是指专门提供数据整理、分析、登记、交易等功能的服务型产业，这类产业在政府数据资源的共享与社会数据资源的规范背景下产生，因各地特色的不同而具有不同的特征，但其发展体现了不同地区的数字经济发展水平。图 2-7 所示为第三方数据服务平台的功能示例。

帮助客户进行业务流程重塑，真正做到数据驱动

业务数据积累	数据中台			数据应用场景
企业经营数据	大数据平台	数据资产体系	数据服务能力	大屏数据展示
客户行为数据	统一存储	类目管理	数据交换	商业智能BI
设备运转数据	汇聚链接	标签管理	数据API服务	个性化推荐
生态合作数据	算法开发	资产管理		智能营销

让数据越用越灵活、越用越多

数据汇聚　　数据加工管理　　统一数据　　算法标签　　群体画像　　封装输出
　　　　　　　　　　　　one ID　　数据增值　　个体洞察　　赋能业务

原始数据　　　　　　　　数据增值　　　　　　　　赋能业务

图 2-7　第三方数据服务平台的功能示例

014 数字经济与新基建有何关系

从新基建的建设领域来看，5G、数据中心、人工智能、工业互联网等都极具数字化特征，且对于我国调整产业结构、实现产业数字化转型具有推动作用，因此可以初步判断新基建是数字经济发展的"助力者"。

具体来说，可以从新基建的本质、价值和重点来探究数字经济与新基建的关系，详细内容如下。

（1）新基建的本质：新基建的建设领域包括5G、数据中心、人工智能等数字化基础设施，因此新基建的本质是数字化的基础设施建设。而数字经济是以云计算、区块链、大数据等新兴技术为依托的经济形态，在各个产业的发展过程中势必需要基础设施的支持，由此新基建得以诞生。因此，新基建为数字经济的发展提供基础设施支持，是数字经济发展的基本保障。

（2）新基建的价值：新基建除了完善传统的基础设施之外，还具有促进传统产业实现数字化转型的战略性意义。以数字化为核心的新基建为传统的产业升级提供了强有力的设施支持，如图2-8所示。而新基建推动产业数字化转型，有助于数字经济的发展。

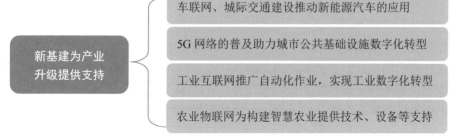

图2-8 新基建为产业升级提供支持

（3）新基建的重点：根据国家发展和改革委员会的要求，我国新基建有3大建设重点，如图2-9所示。这些建设重点能够实现传统的基础设施向数字化方向升级，从而有助于推动数字经济的发展。

新基建的建设重点
- 加强以5G、数据中心等为代表的基础设施建设
- 实现农村与城市两大重点区域的新基建齐头并进
- 加强能源、交通、电力等重要领域的基础设施建设

图2-9 新基建的建设重点

015   应当如何理解数字新基建

数字新基建的全称为数字新型基础设施建设，是新基建的核心所在，具体指应对当前经济形势、促进产业发展的经济举措。根据相关专业人士的解读，数字新基建是以科技为核心驱动力，满足数据计算、处理、分析与应用的新一代基础设施建设，包括软件、硬件两大设施建设，数据资源则贯穿其中。具体而言，数字新基建有 4 个层次，如图 2-10 所示。

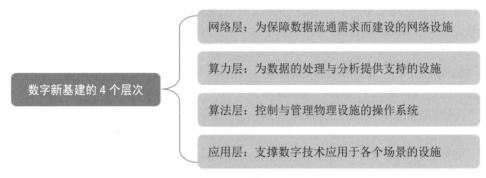

图 2-10　数字新基建的 4 个层次

上述数字新基建的 4 个层次又可以细分为 3 大方面和 7 大建设领域，即前面章节所介绍的新基建内容。其中，数字新基建的应用层有两类设施区分：一是数字技术用作产业升级的软硬件设施，如工业互联网中的机器操作系统；二是对传统基础设施进行改造的设施，如智能轨道交通。

数字新基建是在数字经济的背景下产生的，其包含融合基础设施、信息基础设施和创新基础设施在内的 3 个方面，这些都与数字经济息息相关，如图 2-11 所示。

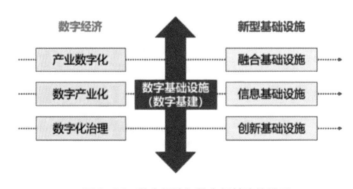

图 2-11　数字经济与数字新基建的关系

016 数字新基建的核心价值是什么

与传统的公路、铁路等刚性的基础设施建设相比，数字新基建更具柔性化，它为满足于人们的需求而建设，在面对未来经济发展的不确定性时，能够灵活地作出调整，以减少损失。具体来说，数字新基建的核心价值在于如图2-12所示的3个方面。为有效发挥数字新基建的价值，我国正竭力推进数字新基建。

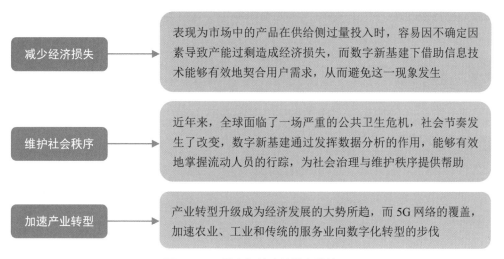

减少经济损失	表现为市场中的产品在供给侧过量投入时，容易因不确定因素导致产能过剩造成经济损失，而数字新基建下借助信息技术能够有效地契合用户需求，从而避免这一现象发生
维护社会秩序	近年来，全球面临了一场严重的公共卫生危机，社会节奏发生了改变，数字新基建通过发挥数据分析的作用，能够有效地掌握流动人员的行踪，为社会治理与维护秩序提供帮助
加速产业转型	产业转型升级成为经济发展的大势所趋，而5G网络的覆盖，加速农业、工业和传统的服务业向数字化转型的步伐

图2-12 数字新基建的核心价值

促进产业的数字化升级是数字新基建最核心的价值所在，因为产业发展是经济发展的"核心动能"。例如，数字新基建借助大数据的分析为零售电商提供解决方案，如图2-13所示。

提高产品销量

✅ 依据渠道数据，分析用户来源

据标变动实时预警，不断调整运营策略，提供优质的客户服务，增强客户黏性，保障客户续约率。

✅ 依据漏斗分析，提升购买转化

通过漏斗分析跟踪浏览过产品-到加入购物车-开始结账-完成订单等行为的用户转化率，优化线上购物体验。

优化产品管理

✅ 依据产品数据，衡量业务增长

依据更多和商品有关的数据，比如商品浏览页访问量、商品详情页访问量、加入移出购物车的商品，进入结算阶段的商品，以及购买人数来对用户购物行为进行分析，来衡量业务的整体增长和发展趋势。

✅ 依据购物行为，制定营销策略

找到用户对不同种类商品的偏好，制定针对不同商品的营销策略。

图2-13 数字新基建为零售电商提供的解决方案

017 我国全力发展数字新基建的原因是什么

数字新基建是智能化、信息化时代催生出的新型产业生态，对于社会经济发展具有划时代的意义。就我国而言，数字新基建正在全力推进，成为未来发展的重要经济战略，这主要有如图 2-14 所示的几个方面的原因。

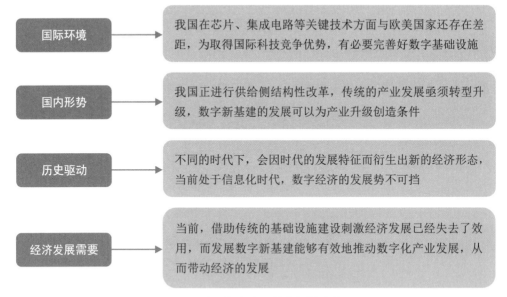

国际环境	我国在芯片、集成电路等关键技术方面与欧美国家还存在差距，为取得国际科技竞争优势，有必要完善好数字基础设施
国内形势	我国正进行供给侧结构性改革，传统的产业发展亟须转型升级，数字新基建的发展可以为产业升级创造条件
历史驱动	不同的时代下，会因时代的发展特征而衍生出新的经济形态，当前处于信息化时代，数字经济的发展势不可挡
经济发展需要	当前，借助传统的基础设施建设刺激经济发展已经失去了效用，而发展数字新基建能够有效地推动数字化产业发展，从而带动经济的发展

图 2-14　我国竭力发展数字新基建的原因

具体来看，数字新基建还有自身的发展优势，如以信息技术为架构，具有科技含量高、附加值高的优势。而且，数字新基建与人们的生活息息相关，通过构建智慧社区可以为人们的生活带来极大的便捷；与国家提出的"消费回补"政策（消费补贴政策，促进复工复产）相适配，通过升级智能手机的功能可以刺激消费者，从而扩大智能手机的消费规模；还能有效地调节金融市场，通过科技股的发行为中小型企业提供融资便利，有效缓解"融资难"等难题。

总而言之，数字新基建的发展为国家带来了诸多好处，竭力推进数字新基建是时代发展所需，也是有效助力我国成为"数字强国"的重要战略。

018　数字新基建在我国的发展状况如何

自 2012 年以来，我国的数字新基建已取得了不错的成就，下面以数字新基建的 4 个层次来详细介绍。

1. 数字新基建的网络层

我国的 5G 网络已经成为全球最大规模的光纤与移动通信网络，国际应用标准和专利申请量均为全球第一，且随着 5G 网络的广泛部署，其上、中、下游产业链稳步发展，为其他工业互联网、人工智能等建设领域提供网络设施支持。

根据工信部联合其他部门发布的《5G应用"扬帆"行动计划（2021—2023年）》显示，我国5G应用发展水平将进一步提升，如图2-15所示。

（三）总体目标

到2023年，我国5G应用发展水平显著提升，综合实力持续增强，打造IT（信息技术）、CT（通信技术）、OT（运营技术）深度融合新生态，实现重点领域5G应用深度和广度双突破，构建技术产业和标准体系双支柱，网络、平台、安全等基础能力进一步提升，5G应用"扬帆远航"的局面逐步形成。

——5G应用关键指标大幅提升。5G个人用户普及率超过40%，用户数超过5.6亿，5G网络接入流量占比超过50%，5G网络使用效率明显提高，5G物联网终端用户数年均增长率超200%。

——重点领域5G应用成效凸显。个人消费领域，打造一批"5G+"新型消费的新业务、新模式、新业态，用户获得感显著提升，垂直行业领域，大型工业企业5G应用渗透率超过35%，电力、采矿等领域5G应用实现规模化复制推广，5G车联网试点范围进一步扩大，促进农业水利等传统行业数字化转型升级，社会民生领域，打造一批5G+智慧教育、5G+智慧医疗、5G+文化旅游样板项目，5G+智慧城市建设水平进一步提升，每个重点行业打造100个以上5G应用标杆。

——5G应用生态环境持续改善。跨部门、跨行业、跨领域协同联动的机制初步构建，形成政府部门引导、龙头企业带动、中小企业协同的5G应用融通创新模式，培育一批具有广泛影响力的5G应用解决方案供应商，形成100种以上的5G应用解决方案，完成基础共性和重点行业5G应用标准体系框架，研制30项以上重点行业标准。

——关键基础支撑能力显著增强。5G网络覆盖水平不断提升，每万人拥有5G基站数超过18个，建成超过3000个5G行业虚拟专网，建设一批5G融合应用创新中心，面向应用创新的公共服务平台能力进一步提升，5G应用安全保障能力进一步提升，打造10~20个5G应用安全创新示范中心，树立3~5个区域示范标杆，与5G应用发展相适应的安全保障体系基本形成。

图2-15　《5G应用"扬帆"行动计划（2021—2023年）》（部分内容）

2. 数字新基建的算力层

我国的数据中心发展重点是云数据中心，它拥有更强的数据处理与分析能力，且互联网架构也在不断优化，建有多个骨干直连点。数据中心在市场规模上多达1500亿元，同比增长速率高于全球平均水平，发展空间不断扩大。

3. 数字新基建的算法层

我国在人工智能领域的发展非常迅速，在算法上更是领跑全球。例如，百度、搜狗、讯飞等企业借助人工智能开发的语音识别功能，其准确率在97%以上，腾讯研发的图像人脸识别准确率在98%以上。图2-16所示为讯飞语音识别产品的优势。

图2-16　讯飞语音识别产品的优势

4. 数字新基建的应用层

我国的数字新基建主要应用于汽车、工业、农业、零售业等各式各样的领域，且工业互联网、智慧城市、智能电网的发展业态趋向成熟。例如，工业互联网的软件、硬件设施建设取得很大的进展，标识解析体系趋向完善并具有一定的规模，重点平台的工业设备连接数多达 60 万台，专用 App 突破 2000 个。

从数字新基建的 3 大方面来看，我国数字新基建的发展状况如图 2-17 所示。

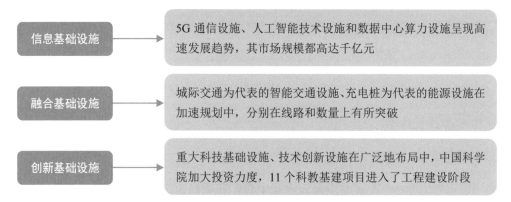

图 2-17　从数字新基建的 3 大方面看发展状况

019　未来数字新基建发展有哪些机遇

未来，数字新基建的发展机遇在于融合不同技术、结合垂直行业和整合产业链条，具体内容如下。

1. 融合不同技术

数字新基建的发展以 5G 网络的部署为发展基座，因此未来的发展方向重点在于加快部署 5G 网络的进程，可以采取如图 2-18 所示的措施。5G 网络的成功部署，人工智能、云计算、数据中心等技术的发展，可以构建更为优化的物联网社会，从而实现数字新基建的最大效益。

 专家提醒

在 5G 网络的商业化中，推动运营商加大对消费者的补贴投入以及合理配置资金投入，可以刺激消费者的消费行为，从而使 5G 新基建从项目工程尽快转化为获利工具。例如，在配备 5G 网络的电话卡消费中，运营商通过加大 5G 流量套餐的优惠力度，来刺激消费者的购买欲望。

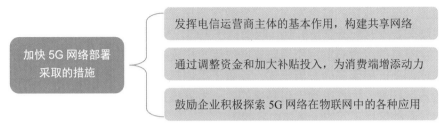

图 2-18　加快 5G 网络部署采取的措施

2. 结合垂直行业

结合垂直行业是数字新基建的一个重要机遇，具体指数字新基建的建设以供需双方协同发展来实现。例如，在工业互联网的建设中，制造业企业以客户需求来创新业务、提供新服务，能够有效地提高生产效率与降低生产成本。结合垂直行业具体可采取如图 2-19 所示的措施。

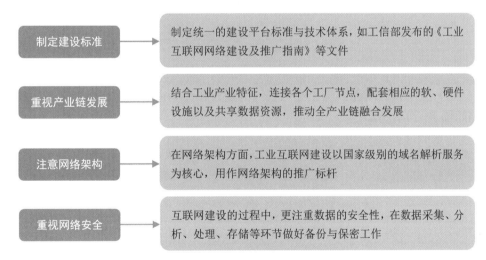

图 2-19　工业互联网建设的具体措施

未来，数字新基建的发展将以供给侧与需求侧协同发力，企业可以在满足人们需求的同时，提高自身的生产与供给能力，进而为行业发展带来更多的可能性。例如，在社会发展的进程中，新能源成为当前经济发展的重点，而数字新基建的建设领域之一——充电桩是新能源发展的重要成果，扩大充电桩的建设规模能够为我国在全球数字经济的竞争格局中取得更大的竞争优势。

3. 整合产业链条

数字新基建的建设应增强共性需求合作，即业务相关性的企业间进行合作，来优化资源与整合产业链。例如，充电桩的技术供应商与新能源汽车厂商合作，来实现新能源汽车产业链的联合发展。这是数字新基建的应对商业合作模式，但这一模式的发展需要同时配备监管机制，明确责任主体，从而实现合作的良性发展。

数字新基建以政府发挥引导与支持作用，拓展多元化的市场融资渠道以及金融机构强化创新产品服务为发展模式，着眼于国内需求，深入挖掘国内市场，来拓展更多的应用场景。为推进数字新基建的这一发展模式，国家层面与应用领域层面所采取的发展战略是不同的，具体内容如下。

（1）国家层面：主要发挥政策引导作用，具体的战略如图 2-20 所示。

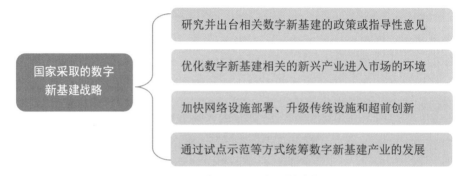

图 2-20　国家采取的数字新基建战略

（2）应用领域层面：以工业互联网的建设领域为例，工业和信息化部采取的战略如图 2-21 所示。

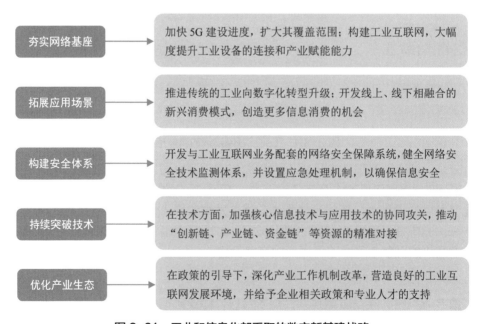

图 2-21　工业和信息化部采取的数字新基建战略

第 3 章

实施战略：新基建的应对举措

学前提示

在归属类型上，新基建是一系列的工程项目建设，在建设的过程中势必会遇到相关的施工问题，如新基建的主要目标是什么、建设的难点是什么以及如何建设等。本章将以这些问题为切入点，详细介绍实施新基建战略的举措。

020 新基建的主要目标是什么

新基建是长远的、持续的战略性工程，具有促进经济稳步发展、变革和升级产业结构以及造福于民等重要意义。它包括 10 大战略方向，即建设的主要目标，如图 3-1 所示。

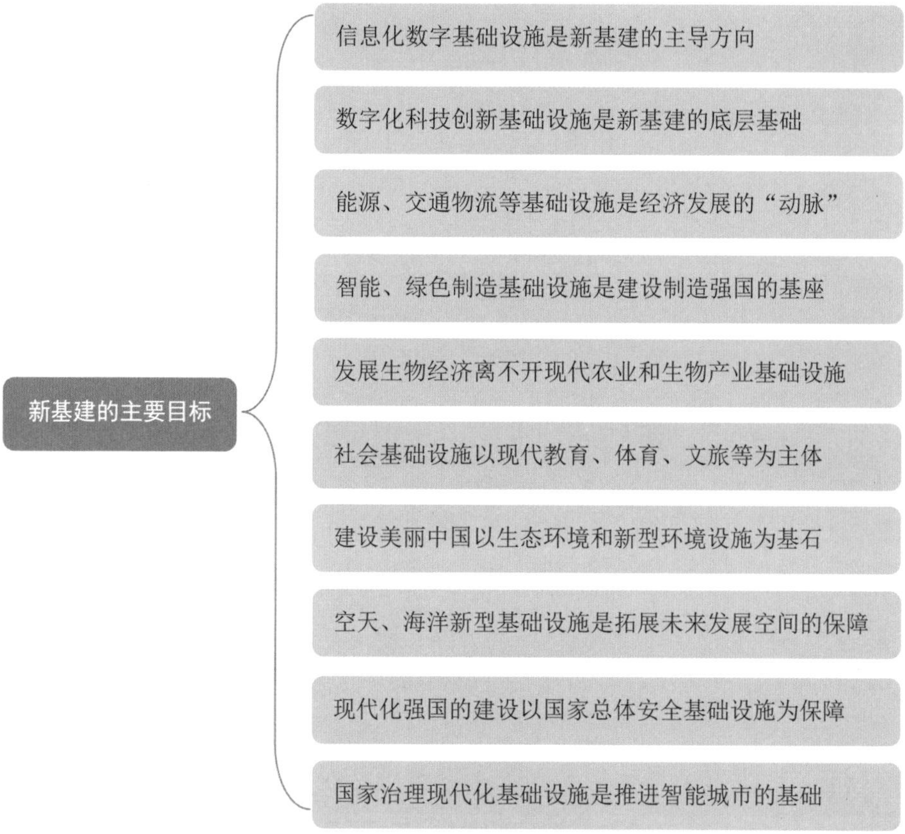

信息化数字基础设施是新基建的主导方向

数字化科技创新基础设施是新基建的底层基础

能源、交通物流等基础设施是经济发展的"动脉"

智能、绿色制造基础设施是建设制造强国的基座

发展生物经济离不开现代农业和生物产业基础设施

新基建的主要目标

社会基础设施以现代教育、体育、文旅等为主体

建设美丽中国以生态环境和新型环境设施为基石

空天、海洋新型基础设施是拓展未来发展空间的保障

现代化强国的建设以国家总体安全基础设施为保障

国家治理现代化基础设施是推进智能城市的基础

图 3-1 新基建的主要目标

以上述 10 大战略方向为指引，"十四五规划"中提出了新基建的具体目标，详细介绍如下。

（1）增强网络型基础设施建设，包括交通、能源、水利 3 个方面的联网设施，具体内容如下。

① 交通方面：加快建设以国家综合立体交通网为骨架的陆地交通和沿海、内湖的港口航道规划，提升陆运、水运的交通运输能力。

② 能源方面：建设新型绿色低碳基地，加快构建智能电网。

③ 水利方面：加快建设重点水源、灌区、蓄滞洪区等设施，并对老化设施进行改造升级。

（2）加强产业升级相关的设施建设，以云计算、人工智能平台、宽带网络等设施布局为基础，推进重大科技设施建设、完善交通枢纽体系和优化建设通用机场。

（3）加强城市基础设施建设，包括智能道路、智能电源、智能公交等设施，重点在于 3 个方面，如图 3-2 所示。

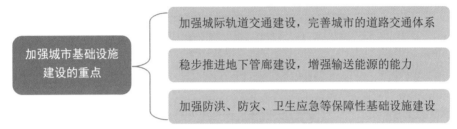

图 3-2　加强城市基础设施建设的重点

（4）农村基础设施建设齐头并进，包括保障农村基本生活的基础设施、农田水利设施、交通运输设施以及城乡之间的冷链物流设施等。

（5）巩固安全基础设施体系，保障个人信息和国家数据的安全性，提高国家应对自然灾害、突发事件的处理能力。

综合来看，"十四五规划"中对新基建的发展方向可以概括为如图 3-3 所示。

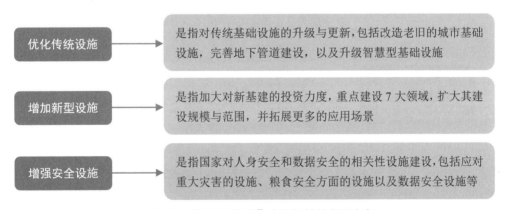

图 3-3　"十四五规划"中概括性的发展方向

021　新基建的着重发力点是什么

以"十四五规划"为指导，新基建需遵循创新驱动、协调共享、绿色低碳的原则，并在"适度超前，有序推进"的准则下进行建设。具体来说，在其建设过程中应侧

重向 4 个重点领域发力，如图 3-4 所示。

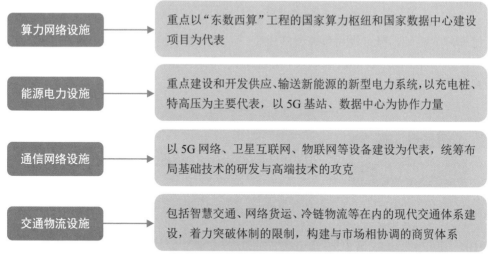

图 3-4　新基建的着重发力点

与此同时，为促进新基建更好地发挥作用，在新基建的投资中应重点把握好优化布局的尺度、扩宽融资的维度以及合理控制建设的力度 3 个方面的事项，具体内容如图 3-5 所示。

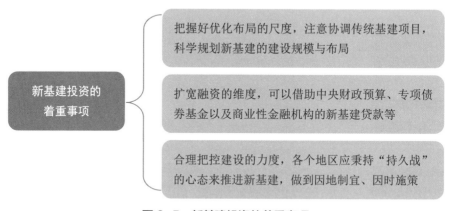

图 3-5　新基建投资的着重事项

022　新基建的难点是什么

与传统的基础设施建设相比，新基建不再局限于物理世界中实体的设施建设，还包括虚拟世界中云系统的建设。其中，云系统的建设需要大量的信息技术支持，因此新基建必须进行信息技术的研发，这是新基建的难点所在。

除此之外，新基建还具有与技术攻克相关的其他难点，如加强安全防护等，详细说明如图 3-6 所示。

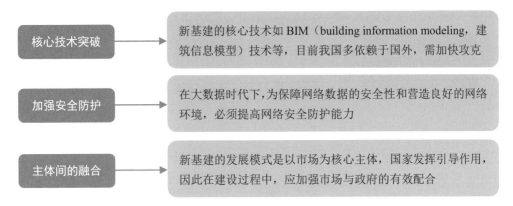

图 3-6 新基建的难点

需要注意的是，在新基建项目的实践过程中，建设领域应结合不同区域、城市的具体情况来实践，不同地域的建设有不同的难度。例如，不同城市的土地开发方式不同，增加了企业开发新基建项目的难度；新基建项目以市场为主体，对于中小企业而言，其建设成本颇高，容易存在资金不足或人才难以保障的问题。

023 新基建应该怎么"建"

自新中国成立以来，我国的基础设施建设在交通、能源、水利等方面取得了突破性的进展，概述如图 3-7 所示。这些累积的设施建设成就为新基建奠定了基础，新基建的建设任务是在此基础上加以扩充和完善的。也就是说，新基建是对传统基础设施建设的完善，弥补传统基础设施的不足并提高其质量。

具体而言，新基建对传统基础设施的完善需要加强以下 4 个方面的工作。

（1）交通建设：新基建在传统的交通设施建设基础上，加速发展智慧交通，如加大高铁设施建设的投入。新基建需要借助信息技术帮助交通部门整合数据资源和管理交通运输，将虚拟的操作云平台与现实的交通线路相结合，形成一体化综合运输服务的智慧型交通系统。图 3-8 为百度提供的智慧交通方案架构示例。

（2）隧道建设：传统的基础设施建设为节约城市用地空间，建设了大量的地下公共隧道，专门用作输电、通信、排水、燃气等。但随着时间的推移，这些设施慢慢出现老化现象，为了防止其因为老化而引发安全事故，新基建需要对这些设施进行改造与升级，包括更新旧燃气管道；加强供排水设施、城市供热设施的安全管理；改造城市老旧供热管网等。

交通方面：大量铁路、公路、航空等交通线路开通并投入使用，例如京九铁路、上海浦东机场

能源方面：矿区、油田、核电站等基础设施配备完善，有效实现能源供应，例如大亚湾核电站

传统基础设施建设的成就

水利方面：长江、黄河主要干线上的防洪堤坝建设；三峡水利工程的修缮

市政设施方面：城乡地区基础的供水、供电设施，环境公共设施得到完善与优化

图3-7 传统基础设施建设的成就

方案架构

图3-8 百度提供的智慧交通方案架构示例

专家提醒

RSCU 的全称为 road side computing unit，即路侧计算单元，是用于交通道路上配合系统处理交通信息与决策的设施。

（3）城市更新：城市更新是指对城市进行综合性的治理、功能变更或住房拆建等活动，来实现城市的优化。根据中华人民共和国住房和城乡建设部等相关部门的规划要求，新基建应采取如图 3-9 所示的行动。

新基建在城市更新中应采取的行动

将老旧城区、老厂区和大型旧街道改成城市社区

先进行城市更新试点，再结合各地实际情况来改造

区分改建类、整治类和拆建类 3 种不同的城市更新项目，以不同的标准进行改造

图 3-9　新基建在城市更新中应采取的行动

（4）完善物流设施：消费方式的改变对物流提出了更高的要求，尤其是冷链物流（低温物品运输）。传统的基础设施建设在冷链物流方面已经形成了完整的产业链，相关的冷藏车、冷冻存储也有了一定的应用，但从市场的需求来看，新型的基础设施建设需要进一步地完善这些设施，并以国务院印发的冷链物流发展规划为指引，构建符合社会经济发展需要的冷链物流体系，以及建设现代化、规范化、高服务水平、高技术含量的现代冷链物流设施。图 3-10 所示为某企业冷链车管理的功能界面。

冷链车管理
系统大屏幕显示(large screen display of the system)

温、湿度信息
实时对车厢温、湿度监控管理识别统计

超温、超时实时报警
超出温度指标，发出报警提醒功能

开关门信息
防止偷货串货，在车门安装门磁感应，车门开关系统自动记录时间及地点，加摄像头进行拍照取证

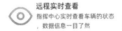
远程实时查看
指挥中心实时查看车辆的状态，数据信息一目了然

异常信息预警
出现异常信息情况，系统提前预警提示指挥中心，及时处理

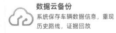
数据云备份
系统保存车辆数据信息，重现历史路线，证据回放

图 3-10　某企业冷链车管理的功能界面

与此同时，新基建主要以 5G 技术、特高压、充电桩、城际交通、数据中心、人工智能和工业互联网为重点建设项目，需要加快其建设步伐。为此，新基建的推进可以采取如图 3-11 所示的措施。

保障融合基础设施：架构 5G 通信技术，扩大 5G 网络覆盖范围；特高压、充电桩等项目积极推进

工业互联网赋能：对传统的工业设施进行网络化改造，建立多元化的工业数据采集系统，实现工业与网络互联，促进工业产业数字化升级

新基建推进的措施

多主体多形式模式：向市场开放新基建项目，鼓励民营资本参与投资，并实现城乡之间、城市之间的共建共享与共融发展

图 3-11　新基建推进的措施

024　新基建推进中面临着哪些问题

当前，我国的新基建项目正处于加快推进当中，并在经济发展与城市更新中起到了重要的推动作用，但也存在诸多的问题，如新基建的需求与供给不匹配、政府统筹定位不准、投资效益亟待提升等。本节将详细介绍新基建在推进中面临的主要问题。

1. 需求与供给不匹配

新基建的潜在需求大，而技术突破有难度，无法提供有效需求，从而导致其需求与供给不匹配，具体表现如图 3-12 所示。

新基建需求与供给不匹配的表现

5G 基建、新能源充电桩等建设满足不了实际需求

在有些核心技术上仍依赖于进口，科研难度大

新基建所具有的高端技术人才或专业人才缺乏

图 3-12　新基建需求与供给不匹配的表现

2. 政府统筹定位不准

在新基建的建设过程中，政府发挥着宏观调控的作用，但因各个地区存在差异，

导致在统筹推进新基建项目时，容易出现定位不准、宏观调控不足的问题，从而造成了如图 3-13 所示的影响。

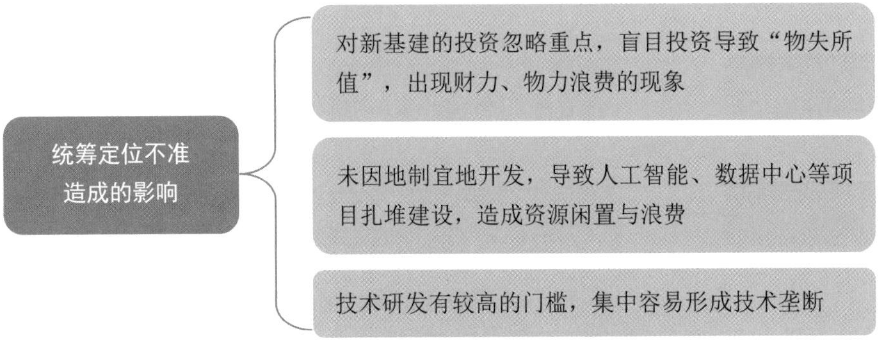

图 3-13　政府统筹定位不准造成的影响

3. 投资效益亟待提升

新基建的投资成本较高，但回收率较低，出现了以下 3 种情形。

（1）新基建项目的建设用时较长，投资风险较大，多数企业的投资积极性不高，且 5G 基建、数据中心等以高端技术为支撑的设施建设，更迭速度快，投资的不确定性较大，容易挫伤企业投资的热情。

（2）传统的基础设施建设是以政府为主体的项目投资。近年来，受外部社会和经济环境的影响，政府投资财政压力加大，导致对新基建的投资受阻。

（3）由于部分中小企业的技术水平不高、联网设备较少，导致新基建在使用过程中出现信息"不对称"的问题，从而限制企业通过新基建项目获取收益。

025　解决新基建问题的举措有哪些

针对新基建在建设过程中面临的主要问题，建议相关决策者可以在加大新基建供给力度、政府重视对新基建的统筹管理和健全投资、融资体系等方面采取相应的举措，具体内容如下。

1. 加大新基建供给力度

针对新基建面临的需求与供给不匹配的问题，可以适当加大新基建的供给力度，实现供需平衡，具体可以采取 3 个策略，如图 3-14 所示。

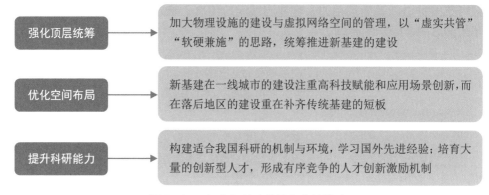

图 3-14　加大新基建供给力度的策略

专家提醒

在优化空间布局时，要结合我国不同区域的地理特征，因地制宜地开展新基建项目，可以充分发挥"东数西算"工程的作用，即在东部地区集中发展数字化产业，在西部地区建设若干大数据中心工程，以承接东部地区的运算需求。

2. 政府重视统筹管理

针对统筹定位不准的问题，在新基建的建设过程中可以采取"需求牵引"的战略，来拓展新基建的产业应用，从而实现新基建的长期有效运营。具体而言，可以采取如图 3-15 所示的策略。

坚持以"需求、问题"为导向，关注人们最迫切的需求和急需解决的问题来推进新基建

发挥战略目标的作用，先将战略目标分解为业务实施目标，再到系统建设目标的科学推演设计

政府重视新基建统筹管理的策略

借助新基建的成果来实现市场化应用，不断催生出新的产业和业态，同时推动产业数字化战略的实施

利用现代信息技术对传统基建的改造与升级，实现产业数字化，从而提升新基建的附加价值

图 3-15　政府重视新基建统筹管理的策略

3. 建立健全投资融资体系

针对企业投资的积极性不高的问题，在新基建的建设过程中，国家应建立健全的投资和融资体系，具体可以参考如图 3-16 所示的策略。

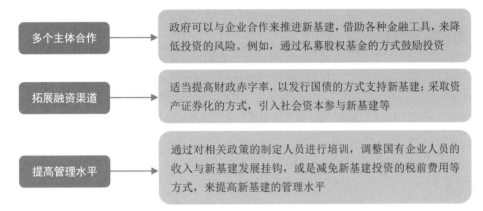

| 多个主体合作 | → | 政府可以与企业合作来推进新基建，借助各种金融工具，来降低投资的风险。例如，通过私募股权基金的方式鼓励投资 |

| 拓展融资渠道 | → | 适当提高财政赤字率，以发行国债的方式支持新基建；采取资产证券化的方式，引入社会资本参与新基建等 |

| 提高管理水平 | → | 通过对相关政策的制定人员进行培训，调整国有企业人员的收入与新基建发展挂钩，或是减免新基建投资的税前费用等方式，来提高新基建的管理水平 |

图 3-16　建立健全的投资和融资体系的策略

026　新基建的总体战略布局是什么

为有效地推进新基建的发展，其建设的总体战略布局体现为 5 个"新"，即新平台、新技术、新人才、新业态和新政策，这 5 个方面将作为新基建的引导策略和重要的建设方向。本节将具体介绍这 5 个方面的内容。

1. 新平台

新基建应结合 7 大建设领域，对接其产业链，建立与用户需求相适应的新基建创新型平台，具体内容如图 3-17 所示。

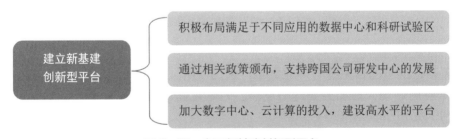

建立新基建创新型平台	积极布局满足于不同应用的数据中心和科研试验区
	通过相关政策颁布，支持跨国公司研发中心的发展
	加大数字中心、云计算的投入，建设高水平的平台

图 3-17　布局新基建创新型平台

2. 新技术

新基建需要更多高端技术的支撑，因此需要加强自主创新性。具体而言，研发新基建所需的新技术，可以采取如图 3-18 所示的措施。

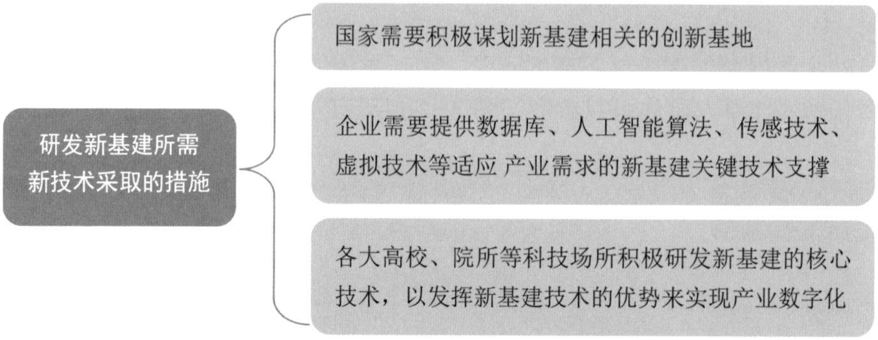

研发新基建所需
新技术采取的措施

国家需要积极谋划新基建相关的创新基地

企业需要提供数据库、人工智能算法、传感技术、虚拟技术等适应产业需求的新基建关键技术支持

各大高校、院所等科技场所积极研发新基建的核心技术，以发挥新基建技术的优势来实现产业数字化

图 3-18　研发新基建所需新技术采取的措施

专家提醒

　　鼓励各大高校、研究所或大型互联网企业在"一带一路"沿线国家建设离岸科技孵化基地，以从事科技研发工作，这也是建立新基建创新型平台的重要举措之一。

3. 新人才

拥有创新型人才是推进新基建的必要条件，为取得这一条件，国家需要进行大量的人才培育，具体可以采取以下措施。

（1）优化人才培养机制，以各大高校人才培育为主，鼓励高校开发新基建相关的学科或专业，并加强高科技、技能型人才的培养。

（2）以"求贤若渴"的心态，引入大量的新人才，重点吸引国外高层次的华人华侨和留学者回国就业。

（3）拓宽人才引进渠道，向境外开放新人才引进通道，并给予新基建领域有所成就的外籍人员工作居留许可证、相关保险补贴以及畅通外出便捷通道等。

4. 新业态

新基建推进的目的是与产业结合，重在"用"而不是"建"，因此新基建需要拓宽应用场景，增加更多的新业态。为满足新基建的这一需求，可以采取如图 3-19 所示的措施。

5. 新政策

新基建的建设，不仅需要强大的科技支撑，而且还面临着市场的许多不确定性，因此需要国家制定全新的政策，发挥引导、扶持与机制监管的作用，以实现新基建的有效建设与应用。

新基建拓展
新业态的措施

加快制造业产业数字化升级，促进工业互联网发展

将数据应用于产业改造，实行数字化工厂试点

培育核心技术研发企业，夯实新基建的技术基座

图 3-19　新基建拓展新业态的措施

027　从思维方式上如何推进新基建

人的思想往往是行为的先导，对于新基建也是如此，在推进新基建时，会先进行建设规划，具体以什么样的思维来规划新基建，对新基建有着决定性的作用。具体来说，在推进新基建时，需要相关部门或企业树立科学规划的思维，即对新基建采取科学的方法有序推进，如图 3-20 所示。

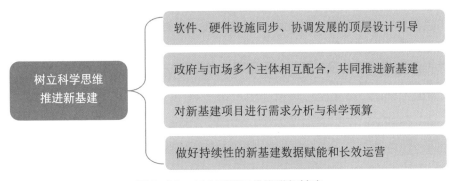

树立科学思维
推进新基建

软件、硬件设施同步、协调发展的顶层设计引导

政府与市场多个主体相互配合，共同推进新基建

对新基建项目进行需求分析与科学预算

做好持续性的新基建数据赋能和长效运营

图 3-20　树立科学思维推进新基建

新基建是在传统的基础设施建设上发展起来的，它们虽同为工程项目建设，但新基建具有新的发展模式、新业态与新特征，因此需要摒弃 3 种"旧思维"，如图 3-21 所示。

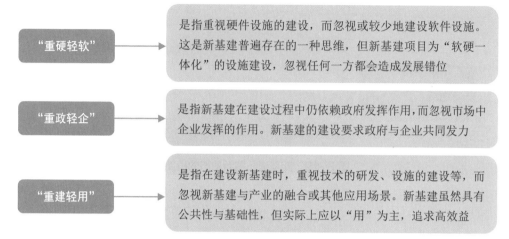

图 3-21　新基建需要摒弃的 3 种"旧思维"

028　从人才培养上如何助力新基建

新人才是新基建战略布局的一个重要因素，也是新基建在建设过程中的必要条件。但新基建面临着较大的人才缺口：从总量上看，在现今经济下行的压力下，与新基建相关的在职岗位不断增加，存在大量的人才缺口；从结构上看，新基建主要缺少 5G 基建、人工智能、数据中心等信息技术领域的高端人才，且东部发达地区缺口多于西部欠发达地区。

为推进新基建的建设与发展，国家可以发挥高校在人才培养中的核心引领作用，具体措施如图 3-22 所示。

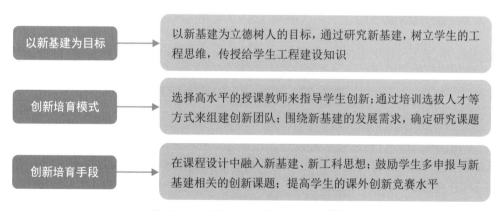

图 3-22　高校培养新基建人才的措施

029 新基建都有哪些投资机会

新基建对现有产业的发展有强大的赋能作用：一方面，传统的制造业、服务业等通过新基建设施可以提高生产效率和服务水平；另一方面，新基建带动了一些新兴产业的兴起，如人工智能、5G 网络等技术支撑的无人驾驶汽车研发。

具体来说，新基建赋予产业发展的这些新价值，能够帮助产业实现数字化升级，从而实现数字经济的繁荣。新基建在不同行业中的应用也孕育出了一些投资机会，成为未来新基建发展的重要机遇，举例说明如图 3-23 所示。

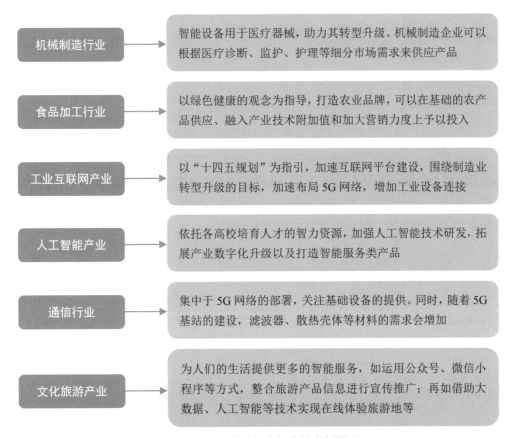

图 3-23　新基建投资机会的举例说明

030 普通人应当如何抓住新基建投资

腾讯曾用互联网思维来定义新基建，提出"新基建是未来数字经济发展的范式"，表示新基建的应用通过连接不同企业、消费者、政府部门来发挥作用，连接数量越多，释放的数字经济效能越大，最终就能实现数字经济的效益最大化。

在数字经济的浪潮中，我们普通人采取什么措施才能在新基建的投资中"分得一杯羹"呢？普通人可以采取 3 个措施来抓住新基建的投资机会，如图 3-24 所示。

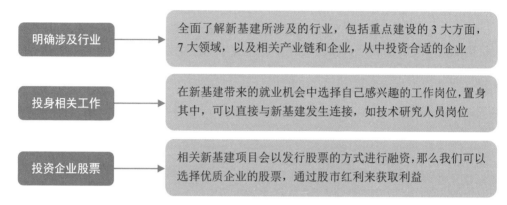

图 3-24　普通人参与新基建投资的措施

对于想要借助新基建浪潮实现自主创业的人，可以考虑新基建涉及的高科技产业应用，如 5G 网络涉及的电商直播、在线教育等；也可以考虑数字乡村这一机遇，相较于城市发展，乡村的数字化发展正处于萌芽或起步阶段，可拓展的空间更大，且国家给予政策支持，投资风险低并且创业机会多。

031　长三角地区如何助力新基建

在新基建的加速推进中，各大城市群、城乡地区纷纷响应国家政策并参与其中，抓住新基建的发展机遇进行自身的社会经济发展，同时也推动着新基建的建设。

其中，长三角地区作为我国最大的城市群之一，紧紧抓住新基建的机遇，全力推进数据中心、人工智能、物联网、工业互联网、5G 网络互联等建设。下面以长三角地区在人工智能领域采取的措施为例，来说明长三角地区对新基建的贡献。

（1）政策指引，试点先行。长三角地区的主要省市——上海市、江苏省、浙江省和安徽省，纷纷出台有关人工智能发展的办法或规划，涵盖人工智能的技术、硬件、产品和应用等方面，以政策的方式支持本地的企业全面发展人工智能。

（2）特色构建，产业生态。长三角地区各个省市充分发挥各地的优势，打造具有当地特色的人工智能产业生态。例如，上海市集中制造传感器、智能芯片等软硬件设备；江苏省聚焦构建人工智能服务平台，以更好地服务于各个产业；安徽省则以声学文章为重点，组建了智能语音和人工智能产业结合的发展基地。

（3）汇集人才，打造团队。长三角地区利用各大高校的智能资源，设置与培养人工智能专业型人才。例如，浙江省制定的人才专项政策，计划于五年内汇集一定数量的国际人工智能人才、科技创业人才、高端技术研发人才和工程技术人员。

（4）依法治理，长期规划。长三角地区关注新基建项目的安全性与持续性发展。例如，上海市成立了人工智能产业安全专家委员会，进行人工智能伦理法律治理的研究，以期实现人工智能的规模化建设和持续性发展。同时，长三角地区从远瞻性思维出发，对人工智能技术攻关和应用推广进行了目标设立。

032 雄安新区如何助力新基建

雄安新区以构建绿色低碳、信息智能的数字化城市为目标，在产业发展、交通建设、城市基础设施配备和城市治理等方面采取行动，有效承接北京的部分非首都功能，以及实现经济的高质量发展。具体而言，雄安新区采取了如图 3-25 所示的措施，推动着新基建的发展。

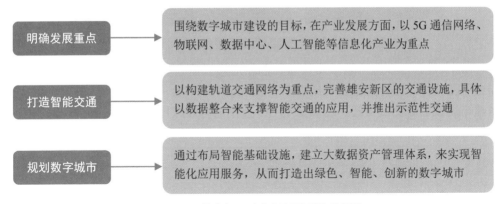

图 3-25　雄安新区助力新基建采取的措施

033 北京亦庄如何助力新基建

北京亦庄是北京经济技术开发区（以下简称"开发区"）的所在地，对新基建的助力作用主要得益于开发区。开发区是北京市核心信息技术研发的创新基地，创新成果丰硕。

开发区借助新基建的发展机遇，打造 5G 网络应用示范，并在工业互联网、数字化产业升级、构建城市物联体系和打造"车路云网"智能交通等方面均有所涉及。下面以开发区打造 5G 网络应用示范采取的措施为例，来详细说明该地区助力新基建所作的贡献。

（1）充分利用 5G 网络的优势，为区内产业园建设专用网络。其中的典型代表是北京奔驰工厂，其建设并启动了 5G 企业虚拟专网，实现了智能制造业的远程控制、机器臂控制、机器自动化辅助或运维、生产过程监测和故障检测等。

（2）建设 5G ＋智慧园区监控平台，实现传统基础设施的智能化。基于 5G 技术建设 5G 智能监控平台，实现园区的全方位、无死角的监测，并结合人工智能技术进行多维度园区综合管理，满足园区的不同活动需求和维护生产的正常运行。图 3-26 所示为 5G ＋智慧园区监控平台的监测画面示例。

图 3-26　5G ＋智慧园区监控平台的监测画面示例

（3）建设 5G 应用场景实验室和创新应用云平台。建设基础设施即服务层、能力层和软件即服务层组合而成的 5G 创新应用云平台，利用该设施进行应用模块搭建与场景功能测试实验，从而推动 5G 技术的有效应用，形成可以大规模推广、可复制的 5G 应用"亦庄模式"。

034　湖南长沙如何助力新基建

长沙作为长江经济带中心城市和国家重要的制造业基地，在新基建的推进中也贡献出了自己的一份力量，主要表现为"车路云网"智能交通的建设。具体而言，长沙在建设"车路云网"智能交通时采取了以下措施。

（1）建设智慧道路：在智能化道路规划上，进行了如图 3-27 所示的举措。

长沙建设智慧道路的举措
- 建设了国内首条支持自动驾驶示范应用的智慧高速路
- 对城市道路中的重要交叉口进行智能化的改造升级
- 推进道路交通信号灯、汽车电子标识等设施的升级

图 3-27　长沙建设智慧道路的举措

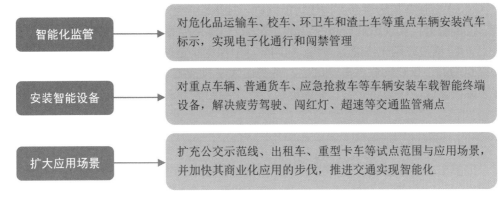

智能化监管	对危化品运输车、校车、环卫车和渣土车等重点车辆安装汽车标示,实现电子化通行和闯禁管理
安装智能设备	对重点车辆、普通货车、应急抢救车等车辆安装车载智能终端设备,解决疲劳驾驶、闯红灯、超速等交通监管痛点
扩大应用场景	扩充公交示范线、出租车、重型卡车等试点范围与应用场景,并加快其商业化应用的步伐,推进交通实现智能化

图 3-28　长沙升级智能化车辆采取的措施

（2）升级智能化车辆：重点以智慧公交为切入口,升级车辆的智能化服务并加强智能化监管,具体的措施如图 3-28 所示。图 3-29 所示为某平台提供的新型智慧渣土车系统示例。

图 3-29　某平台提供的新型智慧渣土车系统示例

专家提醒

上图中, BSD 的全称为 blind spot detection, 表示盲区监测系统; DSM 的全称为 dynamic system monitor, 指动态系统监视器; ADAS 的全称为 advanced driving assistant system, 指高级驾驶辅助系统; LED 的全称为 light emitting diode, 指发光二极管, 是一种半导体组件。

（3）打造车控云平台：构建智能网联云控基础平台，为智能驾驶提供感知、决策、控制服务，实现车辆与路况、周边环境、气象环境等出行要素的数据转换。

（4）铺设车用无线通信网络：利用北斗卫星导航定位基准站网，在橘子洲景区、黄兴路商圈、智能网联汽车测试区、岳麓山大学科技城等地区覆盖了5G网络，构建了旅游景区、核心商业街、交通枢纽、产业应用等5G网络场景。

035　四川成都如何助力新基建

成都市推进新基建，主要立足于完善基础的信息网络，以更好地服务于交通、能源输送和科技产业，并采取了6大举措，如图3-30所示。

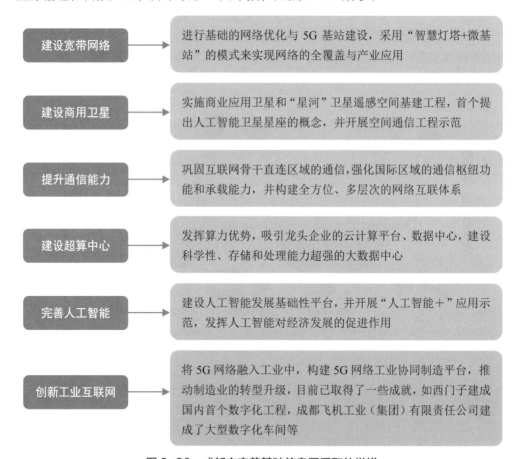

建设宽带网络	进行基础的网络优化与5G基站建设，采用"智慧灯塔+微基站"的模式来实现网络的全覆盖与产业应用
建设商用卫星	实施商业应用卫星和"星河"卫星遥感空间基建工程，首个提出人工智能卫星星座的概念，并开展空间通信工程示范
提升通信能力	巩固互联网骨干直连区域的通信，强化国际区域的通信枢纽功能和承载能力，并构建全方位、多层次的网络互联体系
建设超算中心	发挥算力优势，吸引龙头企业的云计算平台、数据中心，建设科学性、存储和处理能力超强的大数据中心
完善人工智能	建设人工智能发展基础性平台，并开展"人工智能＋"应用示范，发挥人工智能对经济发展的促进作用
创新工业互联网	将5G网络融入工业中，构建5G网络工业协同制造平台，推动制造业的转型升级，目前已取得了一些成就，如西门子建成国内首个数字化工程，成都飞机工业（集团）有限责任公司建成了大型数字化车间等

图3-30　成都市完善基础信息网采取的举措

除此之外，成都市还积极促进信息技术的融合应用，如将5G技术结合人工智能应用于智能制造、智慧交通、智慧城市等领域。

036　福州永泰如何助力新基建

永泰县位于福建省中部，具有交通便利、地理位置优越的优势，并凭借其优势融入"三个福州"（数字福州、海上福州和平台福州）项目建设中。该地借助新基建的机遇，实现了数字化、智慧化的城乡融合建设。具体来说，永泰县采取了以下几个举措。

（1）统筹建设数据中心：在数据中心的建设上，实现了两个"统一"，即建设全县统一的政务中心机房和统一的数据共享平台。其建设有助于实现数据资源的整合以及集约化管理，且数据共享有助于打破信息"孤岛"，实现资源的开放共享，从而提高城市管理水平。

（2）打造人工智能小镇：借助永泰智慧信息产业园的资源，规划与建设永泰人工智能小镇，以此实现智慧城乡的融合发展，其特点如图 3-31 所示。

永泰人工智能小镇的特点	其空间布局为"一街一谷两心四组团"的构造，创新了小镇的布局模式
	集信息技术创新、产品及服务开发、人才培训会议、产业孵化培育和产品展示示范于一体
	小镇居民可以进行虚拟现实、智慧医疗等体验；通过无人驾驶模拟、机器人运作等感受智慧交通；与农业机器人互动，感受智慧农业的魅力

图 3-31　永泰人工智能小镇的特点

（3）构建数字化应用平台：主要在行政、旅游和交通管理 3 个方面构建数字化应用平台，具体如图 3-32 所示。

专家提醒

　　BOT 的全称为 build-operate-transfer，指"建设 - 经营 - 转让"，表示民营企业参与基础设施建设，向社会提供公共服务的一种合作模式。永泰县采用 BOT 合作模式来建设智慧停车管理系统，对区域内的停车场进行规范化管理，并提供相应的服务。

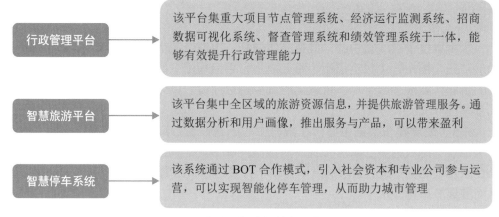

行政管理平台	该平台集重大项目节点管理系统、经济运行监测系统、招商数据可视化系统、督查管理系统和绩效管理系统于一体，能够有效提升行政管理能力
智慧旅游平台	该平台集中全区域的旅游资源信息，并提供旅游管理服务。通过数据分析和用户画像，推出服务与产品，可以带来盈利
智慧停车系统	该系统通过 BOT 合作模式，引入社会资本和专业公司参与运营，可以实现智能化停车管理，从而助力城市管理

图 3-32　永泰县构建的数字化应用平台

037　青岛城阳如何助力新基建

青岛市城阳区位于青岛的地理中心，相当于青岛市的"心脏"，带动着全市的经济发展。在新基建的浪潮中，青岛市城阳区因地制宜地选择以建设"智能民生中枢"为重点，围绕民生发展来布局新基建网络基础设施，促进智慧城市、智慧产业的发展。具体来说，青岛市城阳区采取了以下几个举措。

（1）夯实网络基座，实现网络的高覆盖率与数据的高利用率，具体内容如图 3-33 所示。

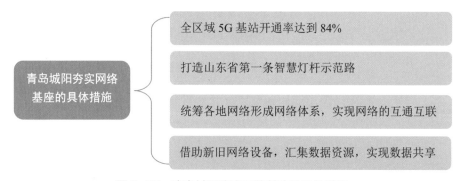

青岛城阳夯实网络基座的具体措施

- 全区域 5G 基站开通率达到 84%
- 打造山东省第一条智慧灯杆示范路
- 统筹各地网络形成网络体系，实现网络的互通互联
- 借助新旧网络设备，汇集数据资源，实现数据共享

图 3-33　青岛城阳夯实网络基座的具体措施

（2）搭建立体的生态平台，构建民生中枢。立体的生态平台有 3 类，如图 3-34 所示。

（3）各个部门相互协同，围绕民生发展，拓展民生中枢的多维度场景应用。例如：实现物理空间应用场景，建设智慧城阳市民中心，提供社保、医保、婚姻登记等一个场所内服务；实现公众交互应用场景，借助"爱山东"App 集成统一、便捷的服务渠道，为公众提供切合需求的服务；实现网络服务应用场景，以便民利民为宗旨，简化、优化民生事务申报的流程，提高政务处理效率，实现网络全流程办理服务。

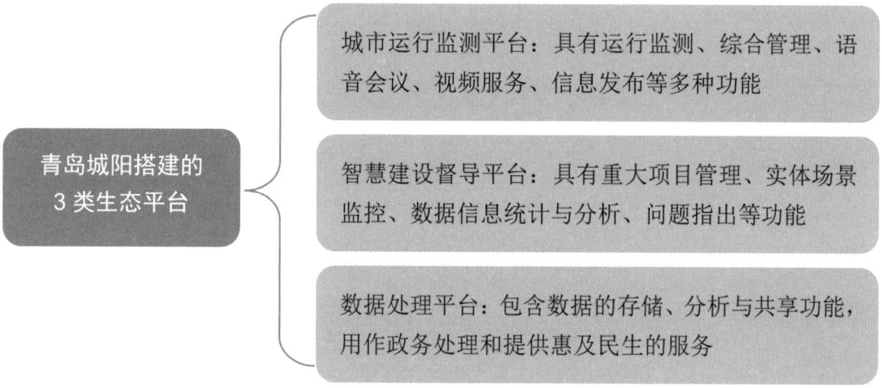

青岛城阳搭建的 3 类生态平台

城市运行监测平台：具有运行监测、综合管理、语音会议、视频服务、信息发布等多种功能

智慧建设督导平台：具有重大项目管理、实体场景监控、数据信息统计与分析、问题指出等功能

数据处理平台：包含数据的存储、分析与共享功能，用作政务处理和提供惠及民生的服务

图 3-34　青岛城阳搭建的 3 类生态平台

专家提醒

　　上述内容举例介绍了比较有代表性的区域推进新基建所采取的措施，多为当地政府为推进新基建进行的方向性规划，与国家整体的新基建战略举措发挥的作用一样，主要用作指导新基建的建设，但在具体的新基建建设或推进过程中，还需要采取更具体的实施方案。

038　推进新基建要警惕哪些风险

　　因新基建带来的发展机遇，以及国家相关政策的大力支持，各个区域纷纷进行新基建的推进工作，而在推进新基建时，必须有所规划，且注意警惕或预防 4 种风险，具体如图 3-35 所示。

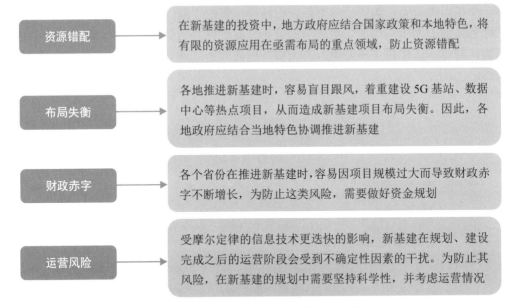

图 3-35　推进新基建需要警惕的风险

建设领域篇

第4章

5G 技术：构筑新基建的核心点

学前
提示

　　5G 技术是当今时代最先进的移动通信技术，由 4G 技术升级而来，具有超高速、大容量、泛网域、低损耗等特点。进入 5G 时代，意味着全球智能化的进一步发展，人们的生活互通性更强。

039 5G 技术指什么

5G 技术的全称是 5th generation mobile communication technology，即第五代移动通信技术，由最初的 1G 技术（第一代移动通信技术）发展而来。在 5G 技术产生之前，通信技术经历了 1G 到 4G 的代际发展，网络速率逐步提高，覆盖范围越来越大，且涌现了许多新兴的业务和服务，其中，移动流量业务呈现出爆炸式的增长趋势。

与 4G 技术相比，5G 技术在性能方面有很大幅度的提升，详细说明如表 4-1 所示。

表 4-1   5G 技术与 4G 技术的性能对比

性能指标	4G 技术	5G 技术
容量 （包含接入技术、双工方式、调制、带宽等指标）	以 OFDMA（正交频分多址）技术接入； 采用半双工方式，只能单向传送通信数据； 64QAM（正交振幅调制）； 20 兆带宽传输频率	以 GMFDM（通用多载波频分多址）技术接入； 采用全双工方式，可以同频同向收送通信数据，流量密度达到 10 Mbps/m²（兆字节 / 秒 / 平方米）以上； 256QAM（正交振幅调制）； 100 兆以上的带宽传输频率，满足高清视频传输、虚拟现实的应用
时延 （ms 指毫秒；TTI 是 transmission time interval 的简称，表示传输时间间隔）	1 msTTI（千分之一秒）	0.1 msTTI （满足自动驾驶、远程医疗等应用）
连接数	固定 15 kHz 子载波	可变带宽子载波 （支持百万连接 / 平方公里的设备连接）
网络架构	扁平化、IP（internet protocol，网际互连协议）化架构	NFV（network functions virtualization，网络功能虚拟化）、SDN（software defined network，软件定义网络）

总体来说，相较于 4G 技术，5G 技术在网络容量、时延（不同设备之间通信的时间）、连接设备数量以及网络架构上均有更新与升级，大体可以归纳为 5 个特点，如图 4-1 所示。

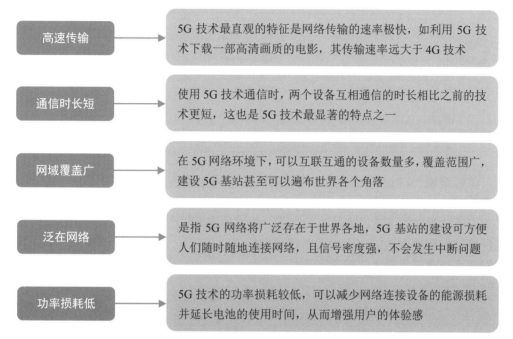

高速传输	5G 技术最直观的特征是网络传输的速率极快，如利用 5G 技术下载一部高清画质的电影，其传输速率远大于 4G 技术
通信时长短	使用 5G 技术通信时，两个设备互相通信的时长相比之前的技术更短，这也是 5G 技术最显著的特点之一
网域覆盖广	在 5G 网络环境下，可以互联互通的设备数量多，覆盖范围广，建设 5G 基站甚至可以遍布世界各个角落
泛在网络	是指 5G 网络将广泛存在于世界各地，5G 基站的建设可方便人们随时随地连接网络，且信号密度强，不会发生中断问题
功率损耗低	5G 技术的功率损耗较低，可以减少网络连接设备的能源损耗并延长电池的使用时间，从而增强用户的体验感

图 4-1　5G 技术的特点

就功率损耗低这一特点而言，以智能手表的应用为例，智能手表在频繁使用各项功能的情况下，每天都要充一次或多次电，但在 5G 环境下，智能手表的充电周期可以延长至一周，甚至一个月，很大程度上改善了用户的使用体验。

5G 技术作为新型的移动通信技术，广泛应用于社会生活的各个方面，实现万物互联，彻底地改变了人们的生活方式，与此同时，这项技术也成了数字化、智能化时代的核心新型基础设施。图 4-2 所示为 5G 技术的网络架构。

图 4-2　5G 技术的网络架构

专家提醒

　　C-RAN 的全称是 cloud-radio access network，指新型无线接入网构架。BBU 是 building base band unit 的简称，指室内基带处理单元，用于传输网络。NR 的全称为 new radio，5GNR 是一种全新的无线接入技术。mm Wave 指毫米波。LTE 即 long term evolution，是一种网络制式。

　　微蜂窝是一种通过发射功率来检测或接收网络的技术，一般发射功率为 2 W（瓦）左右，覆盖半径为 100 m ～ 1 km。在实际应用中，微蜂窝以建设基站的方式安装于建筑物的下方，如图 4-3 所示，将其用于 5G 技术可以扩大网络覆盖范围，使网络信号难以覆盖的盲区或阴影区域也能接收到信号。宏蜂窝与微蜂窝相对，其发射功率与覆盖范围比微蜂窝的要大。

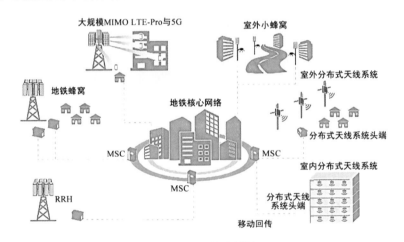

图 4-3　微蜂窝基站

　　图 4-3 中，MIMO 为 multiple-input multiple-output 的简称，意思是多入多出技术，主要用于提高信道容量来构筑天线系统，从而扩大网络的覆盖范围。RRH 的全称是 remote radio head，指射频拉远头，是网络架构中的设备。MSC是 mobile switching center 的简称，指移动交换中心，是在电话和数据系统之间提供呼叫转换服务与呼叫控制的设备。

040　5G 的关键技术架构是什么

　　5G 技术之所以能够超越 4G 技术，主要得益于其关键技术的架构。5G 技术的发挥主要依靠 7 种关键技术，包括超密集异构网络、自组织网络、内容分发网络、通信技术、大规模 MIMO 技术、信息中心网络和网络切片，本节将通过介绍这些技术，来帮助大家深入了解 5G 技术。

1. 超密集异构网络

5G 网络是一种多项无线技术混合切入的异构网络，在实际应用中，需要减小蜂窝范围来提升频谱效率，以达到网络覆盖的最优化。而应用于小区时，由于其网络覆盖的面积缩小，难以检测到最优站点，通过增加站点部署的密度则可以解决这一难题，这就是超密集异构网络的原理。图 4-4 所示为超密集异构网络的架构。

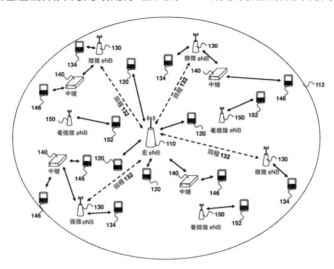

图 4-4　超密集异构网络的架构

建设超密集异构网络时，有 3 个要求，如图 4-5 所示。

建设超密集异构网络的要求
- 要求多速率接入，需要多媒体等服务设备的支持
- 要求频段频率的多样化，需要可扩展的空中接口来满足
- 要求对网络终端的使用情况和环境进行监测与管理

图 4-5　建设超密集异构网络的要求

2. 自组织网络

自组织网络是一种实现网络自治的技术，通过综合移动通信和计算机网络，使用户在无网络基站的环境内也可以随意移动与远程通信。这一技术的应用帮助 5G

技术扩大了网络覆盖范围并增加了应用场景，下面举例来说明。

在现代化的战场中，一般很少有网络基站等设施可利用，自组织网络的应用则能够很好地帮助不同军事人员交换场地信息，以保持协作以及收集不同区域的环境、位置信息将其传输至处理结点，以作出应战计划等。

自组织网络在 5G 技术中的具体应用体现在网络的部署与维护阶段，能够实行自动化管理。具体而言，在网络部署阶段可以实现自动规划和配置，在网络维护阶段可以实现自动优化与愈合，不同的自动化有不同的目标要求，如图 4-6 所示。

图 4-6　自组织网络的不同目标要求

3. 内容分发网络

内容分发网络（content delivery network，CDN）是一种基于传统网络架构的新增网络，其目的在于提高网络速率以满足用户的需求。内容分发网络应用于 5G 技术中，具有如图 4-7 所示的几种功能。

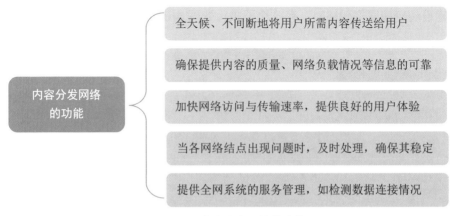

图 4-7　内容分发网络的功能

下面以用户访问网站的流程为例，来说明内容分发网络的应用。

（1）用户在浏览器中输入需要访问的域名，CDN 运营商提供域名解析，并上传 CNAME（canonical name，映射记录）至浏览器中的域名解析库，浏览器调用域名解析库来比对用户的域名进行解析。

（2）浏览器通过对全局负载均衡的 DNS(domain name system,域名服务器)解析，得到 CDN 缓存服务器的 IP 地址，然后向缓存服务器发出访问请求。

（3）缓存服务器在比对用户的域名和 DNS 解析后，获取到实际的 IP 地址（互联网协议地址），并向此地址发出访问请求。

（4）缓存服务器从实际的 IP 地址处获取内容后，先备份内容，再传送至用户终端，供用户查看。

（5）用户在接收到数据后，获取信息完成访问。

在上述流程中，CDN 主要发挥解析域名、提供 CNAME 记录、定位真实 IP 地址以及提供相同域名的不同 IP 地址参考等作用。图 4-8 所示为阿里云授权分享的内容分发网络应用图。

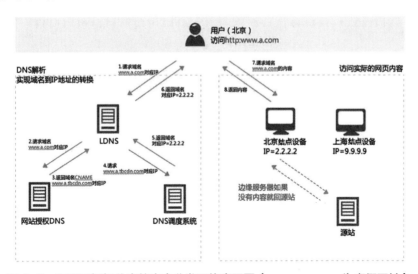

图 4-8　阿里云授权分享的内容分发网络应用图（www.a.com 为虚假网址）

4. 通信技术

通信技术主要包含两种：D2D 通信和 M2M 通信。D2D 通信，全称为 device-to-device communication，表示设备与设备之间的通信，其应用如图 4-9 所示。

M2M 通信，全称为 machine-to-machine communication，指机器与机器之间进行通信，具体表示两台机器之间自动化地建立起联系。通信技术广泛应用于社会生活的方方面面，下面举例说明，如图 4-10 所示。

图 4-9　D2D 通信技术的应用

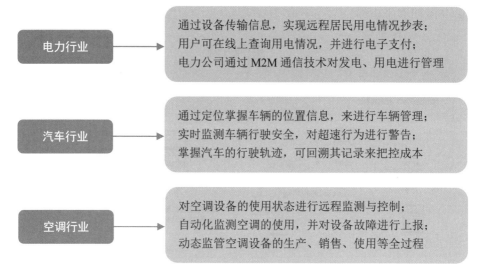

图 4-10　M2M 通信的应用场景举例

M2M 通信技术在实际应用时，主要通过计算、传感器、控制器和执行器等的合力发挥作用，来实现所连接设备之间的自动化，具体架构如图 4-11 所示。

5. 大规模 MIMO 技术

MIMO 技术主要应用于通信信号的接收与传送，一般采用多个天线连接来实现。而大规模 MIMO 技术是指科学家托马斯·马尔泽塔提出的 massive MIMO 概念，表示基站存有多个天线，用户仅使用单向天线就能接收信号的通信技术。图 4-12 所示为大规模 MIMO 技术的工作原理。

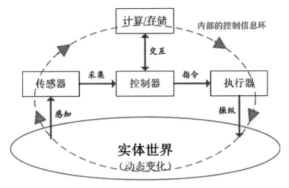

图 4-11　M2M 通信技术的架构

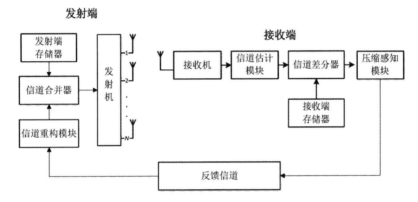

图 4-12　大规模 MIMO 技术的工作原理

大规模 MIMO 技术由传统的 MIMO 技术发展而来，相比之下，大规模 MIMO 技术具有两方面的优势，如图 4-13 所示。

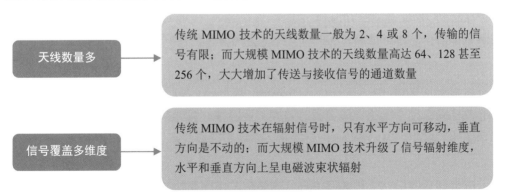

| 天线数量多 | 传统 MIMO 技术的天线数量一般为 2、4 或 8 个，传输的信号有限；而大规模 MIMO 技术的天线数量高达 64、128 甚至 256 个，大大增加了传送与接收信号的通道数量 |
| 信号覆盖多维度 | 传统 MIMO 技术在辐射信号时，只有水平方向可移动，垂直方向是不动的；而大规模 MIMO 技术升级了信号辐射维度，水平和垂直方向上呈电磁波束状辐射 |

图 4-13　大规模 MIMO 技术的优势

大规模 MIMO 技术对 5G 网络的移动通信架构具有重要的影响，主要体现在以下 3 个方面。

（1）大规模 MIMO 技术所需的天线数量居多，但需根据不同的网络架构情况而定，如多路复用层（多路复用指同一媒介传输多路信号）的数量小于 4 时，可使用 64 个天线。

（2）大规模 MIMO 系统工作时采用全双工通信方式，只使用一个频率来传送和接收信号，以缩短用户接收信息的时间。大规模 MIMO 技术在传送与接收信号时呈电磁波束状辐射，如图 4-14 所示。

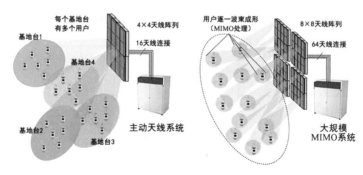

图 4-14　大规模 MIMO 技术辐射信号图

（3）这项技术的天线频段升级为 30 GHz（千兆赫，频率单位）或更高频段的毫米波进行通信，从而有效提升 5G 技术的容量和频谱效率。

6. 信息中心网络

信息中心网络（information-centric networking，ICN）指互联网以信息为中心来构建，整个网络环境更具时效性、互通性、智能性。信息中心网络是对未来网络架构的设想，5G 网络架构推动着这一设想的进步。

7. 网络切片

网络切片是指对网络数据进行分流管理，原理是按照不同的应用场景，以用户需求、带宽大小、数据可靠度等为指标，来划分现实存在的物理网络，其作用相当于对行驶在没有交通规则约束下的汽车进行交通疏导。

网络切片是 5G 技术的一大优势，目前其应用主要按照 5G 网络的 3 大应用场景进行切分，如图 4-15 所示。

5G网络切片
移动宽带
移动宽带切片
视频通话、娱乐上网
海量物联网
海量物联网切片
物流、农业、智慧城市
任务关键性物联网
任务关键性物联网切片
自动驾驶、工业物联网

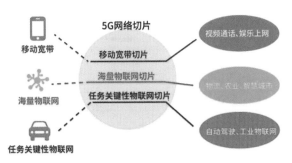

图 4-15　5G 网络切片的应用

041　5G 技术的发展有什么意义

自 2013 年起，国际欧盟组织就开始推动 5G 技术的研发，之后韩国、美国、日本等国家纷纷推出 5G 应用服务并规划 5G 商用部署。与此同时，我国对于 5G 技术的研发与部署也予以高度重视，并于 2020 年取得突破性的进展，在技术标准、知识产权、专利数量、移动终端等方面处于全球领先状态，具体说明如图 4-16 所示。

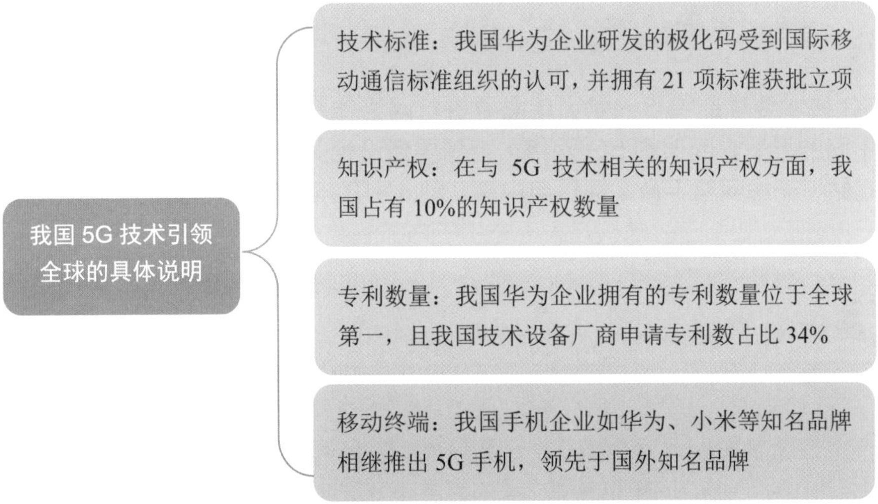

我国 5G 技术引领全球的具体说明
技术标准：我国华为企业研发的极化码受到国际移动通信标准组织的认可，并拥有 21 项标准获批立项
知识产权：在与 5G 技术相关的知识产权方面，我国占有 10%的知识产权数量
专利数量：我国华为企业拥有的专利数量位于全球第一，且我国技术设备厂商申请专利数占比 34%
移动终端：我国手机企业如华为、小米等知名品牌相继推出 5G 手机，领先于国外知名品牌

图 4-16　我国 5G 技术引领全球的具体说明

世界各国都表现出了对研发与建设 5G 技术的重视，并且取得了相关的成就，究其原因，大致有 3 点，如图 4-17 所示，而这些原因也是 5G 技术发展的意义与价值所在。

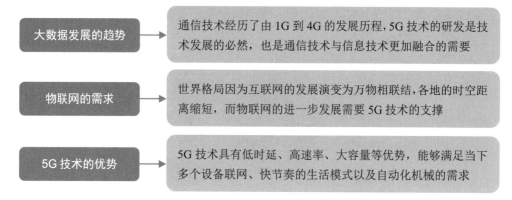

大数据发展的趋势	通信技术经历了由 1G 到 4G 的发展历程, 5G 技术的研发是技术发展的必然, 也是通信技术与信息技术更加融合的需要
物联网的需求	世界格局因为互联网的发展演变为万物相联结, 各地的时空距离缩短, 而物联网的进一步发展需要 5G 技术的支撑
5G 技术的优势	5G 技术具有低时延、高速率、大容量等优势, 能够满足当下多个设备联网、快节奏的生活模式以及自动化机械的需求

图 4-17 各国重视研发与建设 5G 技术的原因

下面以 5G 技术在无人驾驶汽车研发中的应用为例, 来说明该技术的发展意义与价值。

无人驾驶是实现车辆无须人为操控, 便能够自动化地、顺畅地行驶于公路上的数字化建设项目, 它主要由人工智能操控完成。由于机器不具备人类的应变能力, 因此无人驾驶的实现要求机器对所有的车辆、路况、周边环境等信息进行实时掌握, 以作出应变措施, 而在此过程中, 5G 技术的参与则能够很好地帮助机器与这些信息建立通信联系, 从而针对实时的路况采取相应的措施。

042　5G 技术的核心应用场景有哪些

5G 技术要想造福于人类, 就需要进行网络体系的架构, 以 5G 网络的形式应用于不同的场景。而架构 5G 网络, 则需要建设相关的基础设施, 包括网络机房、供电基站、无线网络平台、场景用户等。图 4-18 所示为企业内部的网络架构示例。

专家提醒

WAN 的全称为 wide area network, 指广域网, 表示不同连接点覆盖范围广、通信距离远的远程网络。MEC 的全称为 mobile edge computing, 指移动边缘计算, 是基于 5G 网络架构, 用于提供无线网络计算服务的技术。UPF 的全称为 user plane function, 意思是用户面功能, 指在 5G 网络中连接网络与 MEC 技术的连接点, 主要作用是将核心网络数据转发至外部网络。

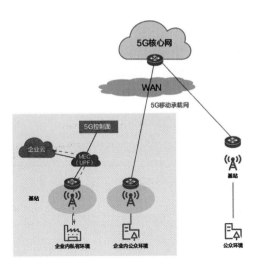

图 4-18　企业内部的网络架构示例

从其特点出发，5G 技术的核心应用场景可以归纳为以下 3 种。

1. 超高的网络速率（eMBB）

eMBB 的全称为 enhanced mobile broadband，指增强型移动宽频网络，即提高网络速率。据统计，使用 5G 网络下载图片或视频的速率达到 300 ～ 700 Mbps，是 4G 网络的 2 ～ 4 倍。如在医疗领域，医生可以通过 5G 网络视频与病人远程连线，清晰地看到病人的面部特征并进行会诊。

2. 高可靠低时延通信（uRLLC）

uRLLC 的全称为 ultra reliable low latency communication，指超可靠和低时延通信，意味着 5G 网络支持多种设备的连接，适用于车联网、工业控制等对网络可靠性和时延有要求的行业。uRLLC 应用的典型案例如表 4-2 所示。

表 4-2　uRLLC 应用的典型案例

项目名称	山西省新元煤矿 5G 网络建设
网络需求	主要满足煤矿井下的网络需求，为采矿作业提供安全防范，提高作业效率
建设方案	新元煤矿与中国移动、华为等企业合作，通过环境监测与网络需求在煤矿的井上、井下全面部署网络，实现了远程操控采煤机、液压支架等设备，并通过作业流程管理平台监测各个设备的运行状况，并自动进行故障诊断
取得成效	• 5G 网络的成功部署解决了煤矿设备难以移动、光纤易损耗以及网络传输速率慢、距离短、不稳定等问题，为煤矿产业智能化、数字化提供示范； • 新元煤矿成为中国首座成功建设的井下 5G 网络煤矿

3. 万物互联（mMTC）

mMTC 的全称是 massive machine type communication，指大规模机器类型通信，具体含义为不同机器或设备之间的联网，即物联网，覆盖的是社会的方方面面，如图 4-19 所示。

图 4-19　物联网

5G 技术的应用在未来的发展中，呈现出视觉锐化、极致体验感、云端一体化、现场实践加强 4 种趋势，如图 4-20 所示。

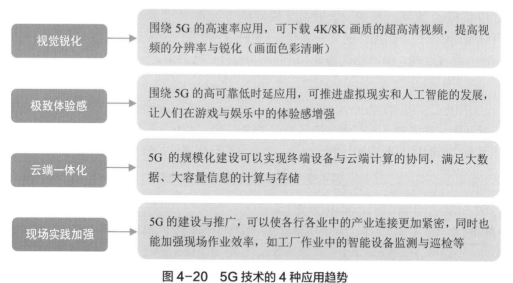

视觉锐化	围绕 5G 的高速率应用，可下载 4K/8K 画质的超高清视频，提高视频的分辨率与锐化（画面色彩清晰）
极致体验感	围绕 5G 的高可靠低时延应用，可推进虚拟现实和人工智能的发展，让人们在游戏与娱乐中的体验感增强
云端一体化	5G 的规模化建设可以实现终端设备与云端计算的协同，满足大数据、大容量信息的计算与存储
现场实践加强	5G 的建设与推广，可以使各行各业中的产业连接更加紧密，同时也能加强现场作业效率，如工厂作业中的智能设备监测与巡检等

图 4-20　5G 技术的 4 种应用趋势

043　5G 技术与新基建的关系是什么

新基建的本质是数字化基础设施建设，而数字化主要通过现代信息技术来实现。现代信息技术主要包括计算机技术（computer technology）和通信技术（communications technology），5G技术作为一种新型通信技术，是新基建的首要建设领域，其主要原因有3个，如图4-21所示。

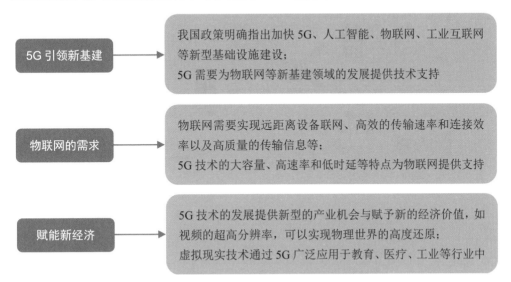

5G引领新基建	我国政策明确指出加快5G、人工智能、物联网、工业互联网等新型基础设施建设； 5G需要为物联网等新基建领域的发展提供技术支持
物联网的需求	物联网需要实现远距离设备联网、高效的传输速率和连接效率以及高质量的传输信息等； 5G技术的大容量、高速率和低时延等特点为物联网提供支持
赋能新经济	5G技术的发展提供新型的产业机会与赋予新的经济价值，如视频的超高分辨率，可以实现物理世界的高度还原； 虚拟现实技术通过5G广泛应用于教育、医疗、工业等行业中

图 4-21　5G 技术是新基建首要建设领域的原因

044　5G 新基建中的行业应用有哪些

5G新基建是指加强5G技术本身的建设和5G技术应用于其他新基建领域中的建设，这一建设会涉及与不同行业的融合，如"5G+电力行业"建设智慧电网等。大体上，5G新基建比较重要的行业应用有工业互联网、智能电网、车联网、远程医疗、智慧社区、远程教育、智能媒体等，本节将一一介绍这些内容。

1. 工业互联网

工业互联网是将5G技术融入工业建设中，以发挥5G网络的高速率、低时延等优势，提高机器设备的生产效率，对设备进行实时监测，以及开发机械的自动化作业等，这是5G技术用于新基建应用领域的重要项目之一。图4-22所示为工业互联网的5G应用，PLC（programmable logic controller，可编程逻辑控制器）是工业系统中常见的电子运算系统。

2. 智能电网

智能电网是将5G技术融入电力行业的新型基础设施建设，主要发挥5G网络的低时延和海量连接优势，实现扩大发送电能、配送电能和电能应用的覆盖范围，以及自动化管理。图 4-23 所示为智能电网的应用示例。

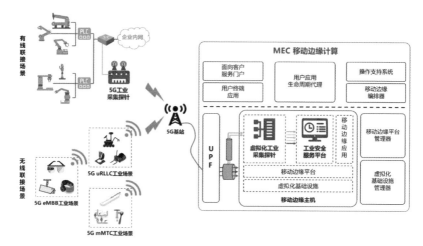

图 4-22　工业互联网的 5G 应用

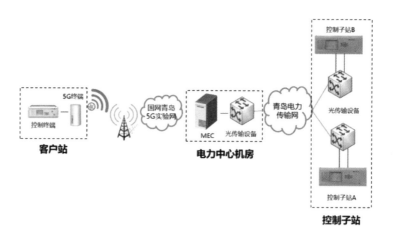

图 4-23　智能电网的应用示例

专家提醒

　　5G 技术与电网的结合可以实现无人车、无人机器或机器人用于电能配送，从而提高偏远地区的电网巡测效率，是未来发展前景极大的一项新基建项目，目前，以国家电网为代表的国有企业都积极参与到这一项目中。

3. 车联网

车联网是 5G 技术融入汽车行业的应用场景，5G 网络在其中主要发挥车载娱乐设施，如语音交互导航、疲劳驾驶提醒、车辆与车辆之间的协同等作用。未来，汽车行业无人驾驶的研发尤其需要 5G 网络的支持。图 4-24 所示为 5G 车联网系统的架构。

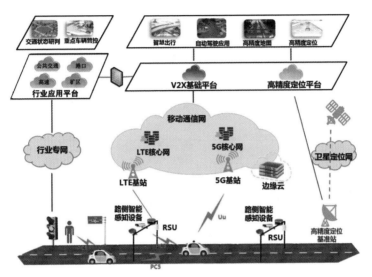

图 4-24　5G 车联网系统的架构

专家提醒

　　LTE 的全称为 long term evolution，即长期演进，表示通信技术的发展。V2X 的全称为 vehicle to everything，是一种车用无线通信技术，用作车辆感知外在世界。RSU 的全称为 road side unit，指路侧设备，用作车辆与道路、交通状况的协同。PC5 是车联网各个设备之间连接网络的接口。

4. 远程医疗

远程医疗是 5G 技术与医疗行业的融合，医生可以通过 5G 网络对远距离的病患进行诊断，以视频或影像传输的形式为病患提供治疗方案和匹配医疗资源。这一应用对偏远地区或普通医院的医生提高诊疗水平具有极大的帮助，因为借助 5G 网络可以构建医疗系统，从而有助于偏远地区或普通医院的医生获得大医院专家的诊疗经验。

5. 智慧社区

智慧社区是 5G 网络用于社区的新尝试，在社区中，5G 网络覆盖各个角落并为社区提供服务，如使用联网的自动化灌溉设备为社区的绿化提供浇灌服务；再如在社区建设智慧消防系统，（见图 4-25），对火情隐患进行报警，若存在问题，系统会及时通知相关人员采取措施。

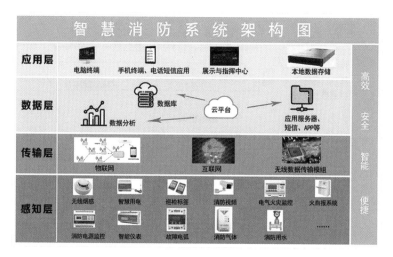

图 4-25 智慧消防系统架构图

6. 远程教育

远程教育即在线教育，是 5G 技术与教育相融合的应用场景，基于 5G 网络的超宽带、超可靠性来开展网络教学，以视频、语音、影像等方式呈现学习资料，以及共享教学资源，从而实现远距离教学。图 4-26 所示为上海党员干部现代远程教育互联网平台。

7. 智能媒体

智能媒体是传媒行业的智能化，借助 5G 网络，传媒行业可以更新传播方式、传播手段等，实现与用户的高效互动。如 5G 技术与 VR（virtual reality，虚拟现实技术）的结合带动了直播行业的繁荣。图 4-27 所示为酷雷曼的 5G + VR 直播场景。

下面举例说明对 VR 直播的应用。

（1）广府庙会通过 5G 网络进行 VR 直播，将民俗文化巡演实时呈现给不在现场的市民游客。

（2）海西汽博以 VR 直播的形式举办车展，起到了很好的品牌推广作用。

（3）深圳通过 VR 直播实现了春节晚会的全球共享。

图 4-26　上海党员干部现代远程教育互联网平台

图 4-27　酷雷曼的 5G + VR 直播场景

045　5G 新基建的应用案例分析

　　工业发展是一个国家的经济命脉，为社会经济的发展提供源泉，因此 5G 新基建用于工业领域成为国家重点支持的项目。本节将介绍 5G 新基建在工业中的应用案例，详细内容如表 4-3 所示。

　　该项目针对钢铁厂存在的问题进行 5G 网络部署，其成功实践既切实地解决了钢铁厂存在的问题，建设了智能化、高效化以及安全性高的工厂；又实现了 5G 技术作为科技创新成果的落地，为 5G 网络的部署与商业化应用提供了动力；同时，还可以为"5G + 工业互联网"的发展提供示范。

表 4-3　5G 新基建在工业中的应用案例

项目名称	×× 新兴钢铁有限公司打造 5G 数字化透明工厂项目
项目需求	建设 5G 网络需要解决以下 3 个问题。 (1) 钢铁厂生产活动中故障发生率高,如行车司机手动操作长期接触有毒汽车,容易造成生命危险; (2) 生产数据容易断层,各个生产环节不能无缝衔接; (3) 生产效率低,生产成本高
建设方案	×× 新兴钢铁有限公司与中国电信云南公司合作,引入 5G 技术打造数字化透明工厂,通过建设一个与原工厂结构、模式等相同的数字化工厂,将互联网技术、电子计算机扫描技术和信息运行域之间不互通的信息在数字化工厂中进行交互,实现数据的互通
实施方案	引入 5G 网络检测钢铁厂内的行车,成功为 8 台行车提供了远程监控、运行、作业管理; 5G 网络接入的智慧安全帽,可以保障钢铁厂内人员的安全,成功实现了 400 顶安全帽的应用,并计划增加应用数量; 数据互通使生产效率提高了 62.5%,实现了大幅度的提升,且因效率的提高,钢铁厂每年可节约生产成本三百多万元
建设意义	该项目利用网络技术为工厂增加了效能,将数字化、信息化引入工业中,是"5G + 工业互联网"的一大实践,直接推动了工业的数字化发展,也有助于 5G 技术的规模化应用

专家提醒

　　5G 新基建是未来时代新业态、新模式发展的基石,应用场景的规模会进一步扩大。根据相关数据统计,截至 2023 年 3 月底,我国累计建成超 264 万个 5G 基站,具备千兆网络服务能力的端口数超过 1793 万个,千兆光网用户突破 1 亿户,5G 被全面列入国民经济大类中。由此可见,国家对 5G 新基建相当重视,5G 新基建未来发展前景十分广阔。

046　5G 新基建应用的创新方向有哪些

　　据 5G 技术业内专家预测,5G 新基建应用的创新方向将主要聚焦于个体体验感、群体发展数字化和推动产业革命 3 个方面,具体介绍如图 4-28 所示。

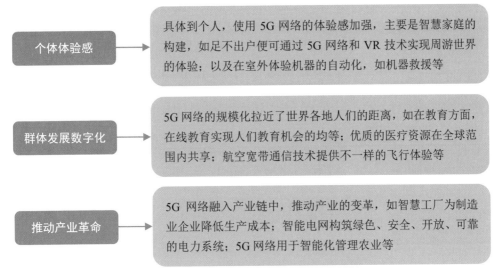

图 4-28　5G 新基建应用的 3 个创新方向

个体体验感　→　具体到个人，使用 5G 网络的体验感加强，主要是智慧家庭的构建，如足不出户便可通过 5G 网络和 VR 技术实现周游世界的体验；以及在室外体验机器的自动化，如机器救援等

群体发展数字化　→　5G 网络的规模化拉近了世界各地人们的距离，如在教育方面，在线教育实现人们教育机会的均等；优质的医疗资源在全球范围内共享；航空宽带通信技术提供不一样的飞行体验等

推动产业革命　→　5G 网络融入产业链中，推动产业的变革，如智慧工厂为制造业企业降低生产成本；智能电网构筑绿色、安全、开放、可靠的电力系统；5G 网络用于智能化管理农业等

总体来说，5G 网络未来的应用方向是构筑智能化、数字化的世界，而为实现这一应用，5G 网络需要夯实技术基座，具体在加强带宽能力、加快云端与终端的协同和多维度融合、绿色网络构建等方面需要持续地更新，具体说明如下。

（1）加强带宽能力是指加强 5G 网络接入带宽的能力，不断拓展与优化，从而实现网络的高效、敏捷，具体表现在 3 个层面，如图 4-29 所示。

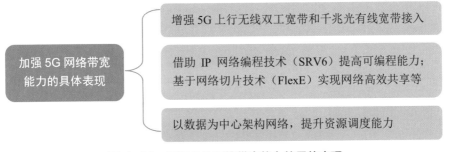

加强 5G 网络带宽能力的具体表现

增强 5G 上行无线双工宽带和千兆光有线宽带接入

借助 IP 网络编程技术（SRV6）提高可编程能力；基于网络切片技术（FlexE）实现网络高效共享等

以数据为中心架构网络，提升资源调度能力

图 4-29　加强 5G 网络带宽能力的具体表现

（2）加快云端与终端的协同，使终端用户的需求得到及时满足。5G 网络需要依据技术标准进行软件、硬件和芯片的升级，促进不同类型负载的融合以及提高算力资源的效率，从而确保算力资源与服务的同步，使 5G 网络能够及时响应用户的需求。

（3）多维度融合包括云网融合、软件与硬件融合、与人工智能融合和内生安全（构建网络安全体系），具体内容如图 4-30 所示。

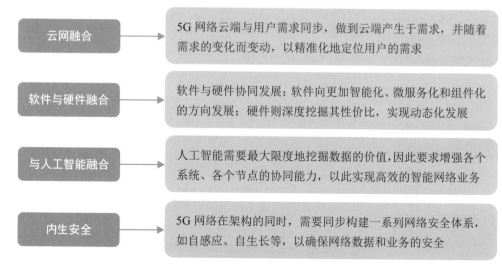

图 4-30　5G 网络加强多维度融合的方面

（4）绿色网络构建：指 5G 网络建设在基站产品创新、用电设备等方面需要坚持"节能减排"的原则，为碳达峰与碳中和的实现贡献力量。具体而言，构建绿色 5G 网络有图 4-31 所示的几种技术创新方向。

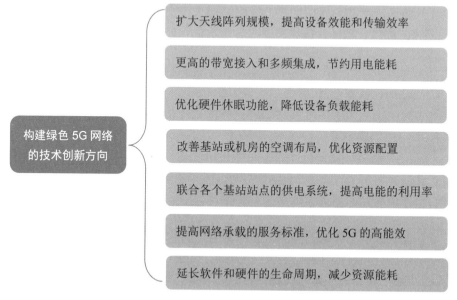

图 4-31　构建绿色 5G 网络的技术创新方向

047　5G 新基建带来的机遇与挑战有哪些

在智能化与数字化的时代要求下，我国加快了 5G 新基建的建设步伐，扩大了 5G 网络的覆盖范围，使 5G 技术成为众多领域与产业数字化发展的基石。而 5G 新基建作为新型的数字化建设项目，在发展的过程中势必会带来很多机遇与挑战。本节将重点介绍 5G 新基建对材料领域、通信领域和制造业领域的影响，以此来说明其带来的机遇与挑战。

1. 5G 新基建与材料领域

5G 新基建在建设时需要众多光纤、天线、电磁屏蔽等材料的支撑，这些材料的需求促进了材料生产商、加工商等企业的发展，为材料领域带来了发展机遇，具体说明如图 4-32 所示。

5G 新基建为材料领域带来的机遇

- 第三代半导体材料成为 5G 新基建的重点材料
- 5G 基站和通信设备的建设需要氮化镓（GaN）材料
- 5G 基站对电磁屏蔽材料的性能、产量等要求更高

图 4-32　5G 新基建为材料领域带来的机遇

专家提醒

第三代半导体材料是指由氮化镓（GaN）和碳化硅（SiC）、氧化锌 (ZnO) 和金刚石等为原料组合而成的通信设备材料，具有高禁带宽度、高导热率、抗辐射能力强、高电子饱和漂移速度等特性，助力 5G 新基建能够顺利发挥作用。

5G 新基建为材料领域带来了发展机遇，同时这也是其面临的挑战，如半导体材料在技术开发、市场渗透和产品验证等方面仍需要突破。因此，材料研发或生产的企业需要在现实条件下攻克难题，抓住机遇，促进自身发展。

2. 5G 新基建与通信领域

5G 新基建以通信为基础功能，为通信领域带来了以下几个发展机遇与挑战。

（1）5G 新基建对 5G 基站需求增多，且需要采用更集中的方式建设，如以宏基站和微基站组合的方式来部署 5G 基站，实现网络信号的全覆盖。而这一建设需

要解决设备耗电量大、供电及时与否和基站布局是否合理等问题。

（2）新通信技术的市场需求增长快速，刺激了通信领域的商业化发展，同时需要考虑5G新基建终端设备的材料选择、设计与运营模式等问题。

（3）5G新基建更新了工业通信网络，实现了物联网的新型通信布局，为通信行业带来了新的发展商机。

（4）5G新基建对电信通讯的影响，涉及流量业务的升级与运营商套餐费用的策略变化，且5G新基建融入电信通讯中，属于"新大众传播"（自媒体传播）领域，其发展前景广阔。

3. 5G新基建与制造业领域

5G新基建促使制造产业向数字化、智能化和网络化方向转型，且"5G＋互联网"的项目推进也为制造业的发展增添了动力。未来，制造业领域面临的机遇与挑战有图4-33所示的几个方面。

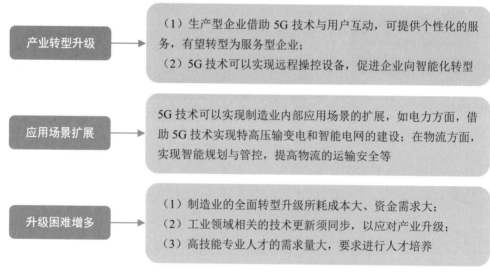

图4-33　5G新基建为制造业领域带来的机遇与挑战

第5章

特高压：能源输送的新型模式

学前提示

　　每至夜晚，华灯初上，全国各地灯火通明，这一美好的景象主要得益于电网的分布与电能的传输，而实现电能的传输主要依托于特高压。在我国，特高压以一回路传输高达 600 万千瓦的电量，大大提高了输送电能的效率。

048 特高压的由来是什么

我国疆域辽阔，有近 80% 的资源，如石油、煤炭、风能、太阳能等，集中分布于西部和北部地区，且人口分布广，多集中于东部和南部地区，而就对资源的需求量而言，东南地区的资源需求远高于西北地区，尤其是电能的需求。因此为解决资源分布不均衡问题，国家启动了"西气东输""西电东送"工程。

为顺利完成"西电东送"工程，国家尽力研发输送技术，特高压由此产生。特高压是一项实现长时间、远距离地输送电能的传输技术，主要通过提高电压来实现更多电能的传输。若将输送电能比作一次由我国西北地区到东南地区的旅行，那么特高压则是"高速公路"，特高压能够实现电能的快速输送。图 5-1 所示为特高压建设的实景图。

图 5-1　特高压建设的实景图

049 特高压具体指什么

电压按照高低程度不同，可以分为低压、高压、超高压和特高压几种类型，不同的电压等级输送不同容量的电能。其中，低压是指 220 V 和 380 V 的电压，常用作家庭用电；高压是 10 kV ～ 220kV 之间的电压；超高压则是在 330 kV ～ 750 kV 之间的电压（kV 是 kilovolt 的缩写，为千伏，指输送电能的单位）；而特高压是指大于等于 1000 kV 交流电和大于等于 800 kV 直流电的电压等级，它的电容量更大，且输送电能的速度更快。特高压常被用在"西电东送"工程中，结合不同地域的需求，可以提供两种输电方式，如图 5-2 所示。

交流输电以建立变电站的方式来构建输电网络，而直流输电以建立换流站的方式来完成输电任务。图 5-3 所示为两种特高压输电方式的输电示意图。

交流输电 → 交流输电适用于近距离输电，主要特点在于可组网与落点，具体指在起点到终点的距离内建立变换电站点，并将分布在不同区域的变换电站点连接起来，构成网络状，方便管理

直流输电 → 与交流输电相反，直流输电适用于远距离输电，不能落点与组网，主要特点是输送的功率大，从起点到目的地一次性输送，更经济实惠，因此直流输电常用于跨省的电能输送项目

图 5-2 特高压的两种输电方式

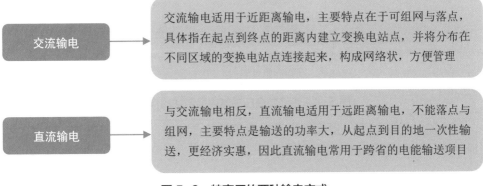

图 5-3 两种特高压输电方式的输电示意图

专家提醒

变电站是指在交流输电系统中提供变换电压和电流、接受和分配电能的场所。换流站是指在高压直流输电系统中，提供交流电和直流电之间相互转换的场所。

050 特高压的技术特点是什么

特高压技术建立在已有的高压技术基础上，在应用中更具有优势，尤其是直流特高压的输送实现了电能由我国西部抵达东部的高效率、大容量。在直流特高压输电过程中，换流站起到了重要的助力作用，具体说明如图 5-4 所示。

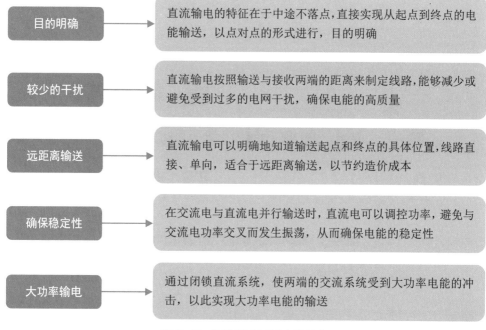

图 5-4　直流特高压输电中换流站的作用

在换流站的帮助下，直流特高压输电工作的质量得以保障。在具体的实践中，直流特高压输电的运用具有图 5-5 所示的几个特点。

目的明确	直流输电的特征在于中途不落点，直接实现从起点到终点的电能输送，以点对点的形式进行，目的明确
较少的干扰	直流输电按照输送与接收两端的距离来制定线路，能够减少或避免受到过多的电网干扰，确保电能的高质量
远距离输送	直流输电可以明确地知道输送起点和终点的具体位置，线路直接、单向，适合于远距离输送，以节约造价成本
确保稳定性	在交流电与直流电并行输送时，直流电可以调控功率，避免与交流电功率交叉而发生振荡，从而确保电能的稳定性
大功率输电	通过闭锁直流系统，使两端的交流系统受到大功率电能的冲击，以此实现大功率电能的输送

图 5-5　直流特高压输电的特点

 专家提醒

　　直流系统是指提供电能保护、充电、照明、合闸等直流电源的设备，交流系统则是提供电能保护、充电、照明、合闸等交流电源的设备，在"西电东送"工程中，两者相互配合，共同实现了大功率电能的输送。

与直流特高压输电技术相比，交流特高压输电技术也具有高电压、大容量电能的特点，同时还有功率的高效利用、传输故障率低和近距离输送的特点，详细介绍如图 5-6 所示。

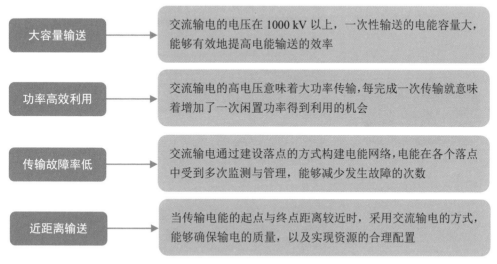

图 5-6　特高压交流输电技术的特点

大容量输送	交流输电的电压在 1000 kV 以上，一次性输送的电能容量大，能够有效地提高电能输送的效率
功率高效利用	交流输电的高电压意味着大功率传输，每完成一次传输就意味着增加了一次闲置功率得到利用的机会
传输故障率低	交流输电通过建设落点的方式构建电能网络，电能在各个落点中受到多次监测与管理，能够减少发生故障的次数
近距离输送	当传输电能的起点与终点距离较近时，采用交流输电的方式，能够确保输电的质量，以及实现资源的合理配置

051　特高压的发展状况如何

了解特高压的发展状况，有助于把握其未来的发展前景。特高压技术的应用在国内外均有涉及，但在我国的发展较为繁荣。就国外而言，特高压技术的兴起时间较早，但在发展中出现商业化停滞或降压运行的情况，详细介绍如表 5-1 所示。

表 5-1　国外特高压技术的应用情况

国　家	建设时间	建设路线	运行状态
美国	20 世纪 70 年代	无	停滞
意大利	20 世纪 90 年代	1050 kV	降压运行
苏联	1981 年	1150 kV 特高压线路 2362 km	1994 年降压运行
日本	1992 年	1000 kV 同杆并架线路 427 km（同杆并架是指一根电线杆上同时架设有电力电缆和通信电缆）	降压至 500 kV 运行
巴西	2015 年	800 kV 直流特高压线路 2076 km	2019 年建成

特高压技术在国外发展的特点为兴起时间较早，但运行结果不太理想，可能存在如图 5-7 所示的几个方面的原因。

国外特高压技术发展停滞的原因

市场需求：美国、日本等国家开始建设特高压时有一定的需求量，但后期需求不再迫切，导致项目停滞

经济限制：苏联、日本、意大利等国家在研发特高压技术时正处于经济危机中，导致特高压的建设被限制

技术难度：特高压技术的研发本身存在难度，如存在输电线路的规划、电磁环境的控制等难点

国情：不同国家的国情不同，对特高压技术的研发与建设存在影响，如苏联解体影响特高压运行

图 5-7　国外特高压技术发展停滞的原因

在我国，特高压技术虽起步晚，但发展迅速，中间大致经历了 4 个阶段，如图 5-8 所示。

探索期

2004 年，探讨了特高压技术的研发；至 2006 年，建设特高压工程试点；到 2008 年，建设了"1 交 3 直"线路

初次发展高峰

2011—2013 年，以智能化电网为背景，建设了"2 交 3 直"特高压工程，技术上有所提高且数量增加

再次发展高峰

2014—2016 年，为落实《大气污染防治行动计划》，建设了输电通道，取得了"6 交 9 直"特高压工程的成就

三次发展高峰

2018 年至今，特高压输电工程的基建投资加大，用电需求和清洁能源外送需求强烈，特高压建设的规模进一步扩大

图 5-8　我国特高压技术发展的 4 个阶段

专家提醒

清洁能源，即绿色能源，是指在不污染环境的情形下，获取的能够直接用于人类生产生活的能源，包括风能、太阳能、生物能、地热能等。

在上述 4 个阶段中，我国建设特高压在不同的时间段取得了不同的成就，并且实现了技术与商业化的全球领先，具体情况如表 5-2 所示。

表 5-2　我国特高压技术的发展历程

时　间	建设情况
2004 年	国家电网组织特高压输电技术可行性话题探讨，制定特高压的发展战略
2006 年 8 月	"晋东南—南阳—荆门特高压交流实验示范工程"开始建设
2009 年 1 月	"晋东南—南阳—荆门特高压交流实验示范工程"投入运营，标志着特高压建设的开始
2010 年 7 月	"向家坝—上海 ±800 kV 特高压直流输电示范工程"投入运营
2012 年 12 月	"四川锦屏—江苏苏南 ±800 kV 特高压直流输电工程"投入运营
2013 年 9 月	"皖电东送淮南—上海 ±1000 kV 特高压交流工程"正式投入运营，标志着我国的特高压研发技术达到了世界最高水平
2014 年	1 月，被称为"电力丝绸之路"的特高压项目投入运营； 4 月，"溪洛渡左岸—浙江金华 ±800 kV 特高压直流输电示范工程"完成了双极低端送电（双极低端送电指两个电极联接来输电）
2016 年 9 月	"宁夏—浙江 ±800 kV 特高压直流输电工程"投入运营，作为大气污染防治的项目工程之一
2018 年	"淮南—南京—上海交流特高压输变电工程苏通综合管廊工程"盾构隧道贯通，进入电气安装阶段； "青海—河南 ±800 kV 特高压直流工程"正式开工，这是世界上首个服务光伏发电、输送清洁能源的特高压工程； "昌吉—古泉 ±1100 kV 特高压直流工程"进入双极低端运行阶段，成为世界上首个技术水平最高的特高压输电工程
2020 年	"山东—河北 ±1000 kV 特高压交流工程"投入运营
2022 年	4 月，"陕北—湖北 ±800 kV 特高压直流工程"正式投入运营； 7 月，"白鹤滩—江苏 ±800 kV 特高压直流工程"竣工投产

随着特高压技术的不断成熟，我国已经率先建立了特高压输电技术标准体系，致力于国内特高压工程建设的完善与优化的同时，也在推广特高压技术走出国门，去往世界。

大体来说，我国特高压技术领先于全球，主要得益于我国的自主创新能力。为建设特高压，我国组建了专门的研发团队从事特高压的技术与工程研发，以团队力量的发挥和资源配置的优化来实现特高压技术的突破，从而取得了这一系列的成就。

052　特高压未来的发展前景如何

建设特高压连带出很多相关的产业，如电工装备、用电设施、电源、原材料等产业，形成特高压产业链，从而带动社会经济的可持续发展。特高压产业可以说是经济发展的重要引擎，具体表现在 3 个方面，如图 5-9 所示。

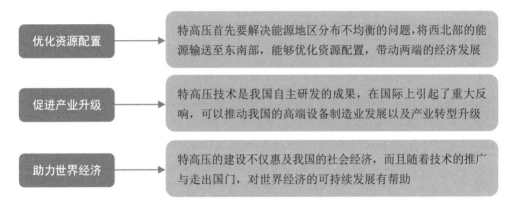

优化资源配置	特高压首先要解决能源地区分布不均衡的问题，将西北部的能源输送至东南部，能够优化资源配置，带动两端的经济发展
促进产业升级	特高压技术是我国自主研发的成果，在国际上引起了重大反响，可以推动我国的高端设备制造业发展以及产业转型升级
助力世界经济	特高压的建设不仅惠及我国的社会经济，而且随着技术的推广与走出国门，对世界经济的可持续发展有帮助

图 5-9　特高压产业带动经济发展的表现方面

作为新基建的重点项目之一，特高压的未来发展前景将更为广阔，具体来说，有以下 3 个发展机遇。

（1）国内的特高压建设项目还在启动，并且正经历着新一轮的高峰期，国家将加大特高压建设的投资力度，据《中国能源报》显示，在"十四五"期间国家电网对特高压的投资或达 3800 亿元，可以为特高压的发展增添动力。且国家电网发布的《"碳达峰、碳中和"行动方案》中也提出，到 2025 年，进一步提高公司经营区跨省跨区输电能力与加大输送清洁能源的比重。图 5-10 所示为国家电网发布的《"碳达峰、碳中和"行动方案》（部分内容）。

（2）智能电网的快速发展，为特高压技术的智能化提供机遇。如将人工智能融入电网的建设中，可实现特高压产业的线上发展，为人们的生产生活带来更大的便捷。图 5-11 所示为人工智能用于电力领域的电网调度系统。

2. 加大跨区输送清洁能源力度。将持续提升已建输电通道利用效率，作为电网发展主要内容和重点任务。"十四五"期间，推动配套电源加快建设，完善送受端网架，推动建立跨省区输电长效机制，已建通道逐步实现满送，提升输电能力3527万千瓦。优化送端配套电源结构，提高输送清洁能源比重。新增跨区输电通道以输送清洁能源为主，"十四五"规划建成7回特高压直流，新增输电能力5600万千瓦。到2025年，公司经营区跨省跨区输电能力达到3.0亿千瓦，输送清洁能源占比达到50%。

3. 保障清洁能源及时同步并网。开辟风电、太阳能发电等新能源配套电网工程建设"绿色通道"，确保电网电源同步投产。加快水电、核电并网和送出工程建设，支持四川等地区水电开发，超前研究西藏水电开发外送方案。到2030年，公司经营区风电、太阳能发电总装机容量将达到10亿千瓦以上，水电装机达到2.8亿千瓦，核电装机达到8000万千瓦。

4. 支持分布式电源和微电网发展。为分布式电源提供一站式全流程免费服务。加强配电网互联互通和智能控制，满足分布式清洁能源并网和多元负荷用电需要。做好并网型微电网接入服务，发挥微电网就地消纳分布式电源、集成优化供需资源作用。到2025年，公司经营区分布式光伏达到1.8亿千瓦。

图 5-10　国家电网发布的《"碳达峰、碳中和"行动方案》（部分内容）

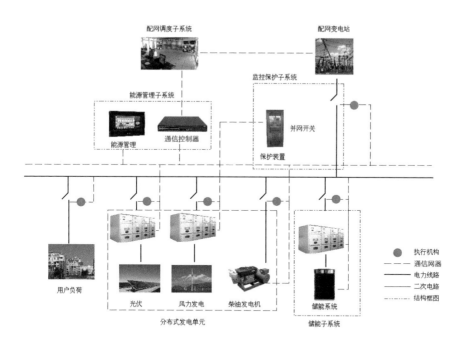

图 5-11　人工智能用于电力领域的电网调度系统

（3）"一带一路"的实施为建设特高压的国际合作提供了机遇，具体表现为"一带一路"项目将能源电力视作国际合作的重要领域，如巴西的"美丽山水电站特高压直流输送项目"是我国特高压技术迈向世界的开端。"一带一路"沿线国家具有如图 5-12 所示的发展潜力，可以帮助实现能源电力的国际合作共赢。

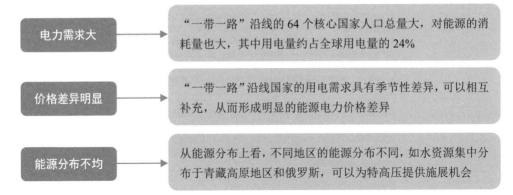

图 5-12 "一带一路"沿线国家互通合作的发展潜力

除了上述的发展机遇外，特高压在未来的发展中还可以多关注泛在电力物联网的建设，充分利用互联网、人工智能等各种现代信息技术，构建电力系统体系，提供智能化的电力需求感知与服务。图 5-13 所示为泛在电力物联网系统，CPS 指信息物理融合系统，是 cyber-physical systems 的简称，这是一种融计算、网络和物理环境为一体的复杂系统。

图 5-13 泛在电力物联网系统

053 特高压对能源变革的意义是什么

特高压是关于电力能源的高效运输技术，有"电网高速公路"之美誉。近年来，随着特高压技术的不断成熟，特高压的广泛应用推动着能源的变革，具体表现为以下两个方面。

（1）特高压替代火电厂，成为电能"供应商"。由于我国能源的地域分布不均衡，东中部地区能源的使用状况属于"供不应求"的状况。在过去，当地主要采取的解决方案是建设火电厂来满足电能的需求，而这一方案带来的后果是环境污染严重，尤其是大气污染物的排放。近年来，特高压技术的研发与应用则很大程度地满足了东中部地区对电能的需求，也缓解了大气污染问题。

（2）特高压技术成为绿色能源的"启动者"。为做好全球节能减排规划，实现我国的环境保护目标，国家力推绿色能源（即清洁能源）的使用，如对太阳能、风能、生物能等能源的开发与利用，利用方式则是将其转化为电能，实现电能之后的调配工作则主要发挥特高压技术的作用，因此特高压技术间接推动着能源结构的变革。

为更好地实现特高压技术对能源变革的助力作用，需要电能相关的企业或部门做到以下几点。

（1）改变能源电力发展的思维，树立互联网思维，实现能源电力的发展，如"互联网＋智慧能源"的应用。

（2）提升清洁能源的利用水平，以及变革电力开发的产业链，如构建"煤—洗选—发电—氧化铝—建材"能源与矿产相结合的产业链。

（3）构建与完善智能电网，以现代信息技术和现代通信技术为支撑，构建"电力流、信息流、业务流"一体化的电力网络。图5-14所示为智能电网结构。

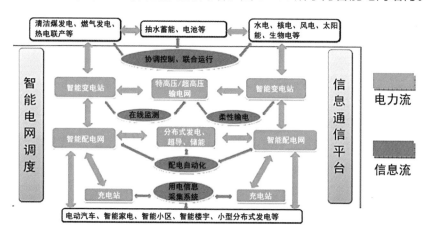

图5-14　智能电网结构

（4）各个相关企业通力合作，共同致力于绿色能源的变革，将能源的开发、传输、分配等环节串联成综合能源系统，来实现能源的高效利用与低碳的可持续化，如图5-15所示。

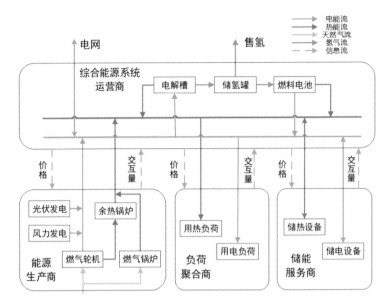

图 5-15　综合能源系统

专家提醒

　　"向家坝—上海 ±800 kV 特高压直流输电示范工程"的建设，为上海提供水电输送途径，减少了上海的大气污染，且助力上海成为世界上最大的"绿色城市"。

054　特高压的应用领域有哪些

　　特高压技术是为输送电能而研发的，因此其首要的应用是完成电能的输送，以实现电力资源的整合；其次，随着全国各地用电需求的增加、新能源发电的产生，特高压的应用范围不断扩大。这是特高压的两大主要应用领域，本节将对其进行详细介绍。

1. 整合电力资源

　　特高压的高电压输送能力、大容量输电等特征，决定了特高压在电网运输中不可替代的地位。由于我国各地用电量与发电量的需求与分布不均衡，为合理地优化与整合电力资源，国家启动了"西电东送"项目，通过特高压技术发挥作用来实现电力资源的输送。图 5-16 所示为 2020—2021 年我国各省份发电量与用电量的统计数据。

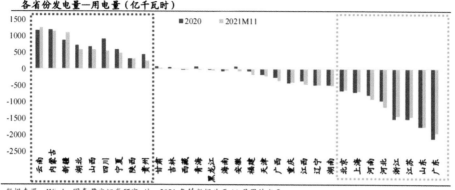

各省份发电量—用电量（亿千瓦时）

数据来源：Wind，国泰君安证券研究 注：2021年的数据为至11月累计水平

图 5-16　2020—2021 年我国各省份发电量与用电量的统计数据

目前，特高压技术已经达到一条线路可输送高达 1150 kV 的电压，大大提高了输电效率，且节约了电能输送工程的造价成本。

2. 助力新能源发电

随着我国经济的迅速发展，新能源发电也随之高速发展，意味着输电的需求量越来越大。为满足这一需求，特高压技术的规模化推广与应用成为一大解决措施，国家在"十四五"规划中增加了特高压的工程建设。图 5-17 所示为"十四五"规划的输电线路。

序号	项目名称	备注
1	金上—湖北±800 千伏特高压直流输电工程	可研已开展
2	陇东—山东±800 千伏特高压直流输电工程	预计近期开展可研
3	哈密—重庆±800 千伏特高压直流输电工程	预计近期开展可研
4	蒙西—京津冀±660 千伏直流输电工程	预计年内开展可研
5	宁夏—湖南±800 千伏特高压直流输电工程	预计年内开展可研
6	陕西—河南±800 千伏特高压直流输电工程	预计年内开展可研
7	陕西—安徽±800 千伏特高压直流输电工程	预计年内开展可研
8	外电入浙±800 千伏特高压直流输电工程	预计年内开展可研
9	藏东南—大湾区±800 千伏特高压直流输电工程	国网南网共同投资
10	大同~怀来—天津北~天津南 1000 千伏特高压输电工程	预计近期开展可研
11	川渝 1000 千伏特高压输电工程	可研已开展
12	张北~胜利 1000 千伏特高压输电工程	预计近期开展可研

资料来源：国家能源局，申万宏源研究

图 5-17　"十四五"规划的输电线路

055　特高压的应用案例分析

目前，特高压应用于输送新能源发电较为频繁，其中的典型案例是青海海南州至河南驻马店市的特高压工程建设，详细介绍如表 5-3 所示。

表 5-3　特高压在新能源发电中的应用案例

项目名称	青海海南州—河南驻马店 ±800 kV 特高压外送通道工程建设
项目特征	两端地点的距离长达 1600 公里，建设距离远、规模大；100% 输送可再生能源
地形分析	青海海南州距离青藏高原不远，属于中纬度和高海拔地区，气候的季节变化大，在建设时需要极高的特高压技术支持
建设意义	该项目的成功建设，意味着我国光伏产业对自然环境的适应和利用度加强，特高压技术实现突破
建设方案	为适应当地的地形与气候条件，选择中来 Niwa Pro（设备型号）双面双玻组件，如图 5-18 所示；综合造价成本与性价比，选择跟踪式平单轴安装方式，可以提高组件输出功率的利用率
方案优势	该组件由 72 半片电池版型排列组合而成，日平均发电时长高于常规组件 2 小时，且双面率超过 80%/W 和低至 −0.31%/W 的温度系数，可以有效减少温度变化造成的输出损耗和风险，在非晴天，如大雾、阴天等弱光条件下，依然可以正常输出功率； 组件的型材采用热浸锌表面处理，寿命长，强度高，可以有效降低后期维护成本； 跟踪式平单轴安装方式，使组件可以自动跟踪太阳轨迹调整角度，可以提高光伏发电的效率，且减少土地开挖，有助于保护生态环境
取得成效	该项目总投资约 226 亿元，总装机量 2.2 GW，成功并网，成为全球规模最大、建设难度最大、建成时间最短的新能源发电项目

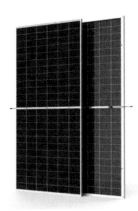

图 5-18　中来 Niwa Pro（设备型号）双面双玻组件

建设特高压输送通道时，充分考虑了使用地的地理位置和气候条件，因地制宜地选择合适的组件，项目的成功主要得益于对组件的战略性选择和组件的创新性研发。

056 特高压与智能电网的关系是什么

电网包括开发电能、输送电能、变换电能、配送电能以及电能应用5个环节，环环相扣构成电力体系。其中，开发电能以电能应用为目的。智慧电能则是以现代信息技术为依托构建的智能化电力体系，在电网中的各个环节融入信息技术或通信技术，能够实现电能应用的便捷与高效。智能电网的具体应用有智能分布式配电、低压用电信息采集等，图5-19所示为低压用电信息采集系统。

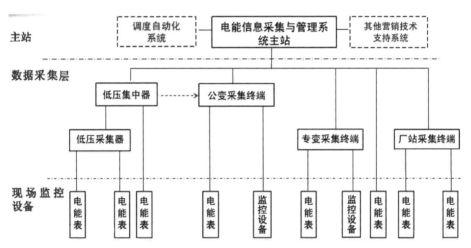

图 5-19 低压用电信息采集系统

特高压是实现电网中输送电能的技术应用，存在于构筑电网的中心环节，严格意义上，特高压的存在奠定了构建智能电网的基础，主要体现为如图5-20所示的3点。

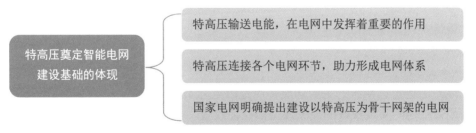

图 5-20 特高压奠定智能电网建设基础的体现

057 智能电网的主要功能有哪些

目前，智能电网借助5G技术来构筑电力系统，核心是电网自动化系统，该系统包含电力市场管理系统、能量管理系统、配电管理系统和通信网络 4 个子系统，各系统间相互影响、相互渗透，共同成为智能电网的重要组成部分。然而，这些系统在具体应用中又有各自的特色，表现出不同的功能，本节将一一进行介绍。

1. 电力市场管理系统的功能

电力市场管理系统，是为智能电网提供电能交易以及标明电能价格的平台，它通过对用电负荷设备的管理来服务电能市场，从而为智能用电设备的拥有者创造收益。具体而言，电力市场管理系统具有如图 5-21 所示的几个功能。

电力市场管理系统的功能	根据市场对输电阻塞区域的价格倾向，传达出增加柔性输电设备的投资的信号，以提供线路的盈利
	结合电力市场的价格变化，来指导分布式发电与负荷侧管理服务的投资比重，确保电网输送的顺畅
	通过管理智能用电设备的负荷情况，及时满足电力市场的需求，能够有效减少发电机组的备用

图 5-21　电力市场管理系统的功能

专家提醒

柔性输电设备是指在电力输送过程中可以对电压、电流进行灵活控制的装备。如静止无功补偿器，通过并联静止元件来调节无功功率，以确保电压稳定。分布式发电是一种分散式的发电方式，其发电系统是分散的，与之对应的是集中式发电。负荷侧管理侧重于调控电力的稳定性，在电力限度内输送与应用电能。

电力市场管理系统的主要功能特点是以电力市场为导向，提供价格的调节信号来帮助智能电网实现良好的经济效益和社会效益。

2. 能量管理系统的功能

能量管理系统是电力市场管理系统运行的基础，通过测量通信情况、采集数据等为电力市场管理系统提供判断依据。随着电力市场的开拓，能量管理系统应具备的功能越来越多，如系统的状态估计功能为电力市场价格的计算提供准确的依据。图 5-22 所示为某企业的微电网能量管理系统。

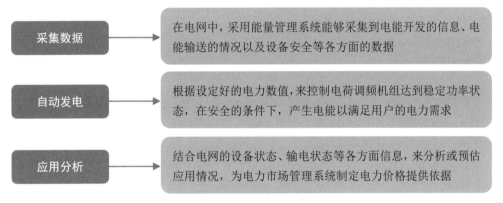

图 5-22　某企业的微电网能量管理系统

具体而言，能量管理系统具有如图 5-23 所示的几个功能。

采集数据	在电网中，采用能量管理系统能够采集到电能开发的信息、电能输送的情况以及设备安全等各方面的数据
自动发电	根据设定好的电力数值，来控制电荷调频机组达到稳定功率状态，在安全的条件下，产生电能以满足用户的电力需求
应用分析	结合电网的设备状态、输电状态等各方面信息，来分析或预估应用情况，为电力市场管理系统制定电力价格提供依据

图 5-23　能量管理系统的功能

3. 配电管理系统的功能

配电管理系统主要应用于电网中配送电能与电能应用环节，是综合智能电表、负荷侧管理、分布式发电、微电网、电动汽车等与电能的配送、应用相关的信息而构筑的配电网络，该系统的功能与这些信息相关。

专家提醒

微电网的全称是微型电网，是指多个电源和电荷负载连接而成的网络，它的原理是将分布式电源、储能装置、能量转换装置、负荷监控装置和保护装置连接在一起，形成小型的发配电系统，如图 5-24 所示。

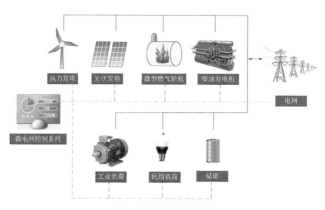

图5-24　微电网

具体来说，配电管理系统的功能多样，其数量随用户电力需求的增加而增加，常见的功能有如图5-25所示的5种。

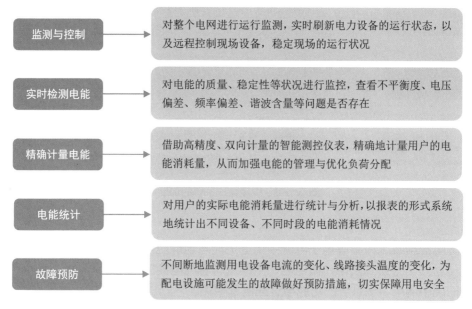

图5-25　配电管理系统的常见功能

专家提醒

谐波是一种电流受到干扰的现象，因非线性负载受到正弦电压的施压，基波电流发生畸变而产生。简言之，谐波产生的原因是电流因受到干扰而偏离正常的轨道。

4. 通信网络的功能

通信网络是实现电网调控中心对整个智能电网系统的数据掌握的技术，其应用如同一张网或一根线将分散的、零碎的电网信息连接起来构成一个完整的体系，集中进行管理。在智能电网系统中，采用的通信网络主要是态势感知（situation awareness，SA）技术，如图5-26所示。

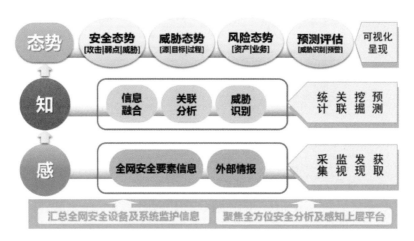

图5-26 态势感知技术体系

态势感知技术是指在安全大数据的基础上，借助互联网技术以全局视角对整体环境进行监测、防控，从而排除潜在风险的应用工具。这项技术运用于智能电网中，具有3个功能，如图5-27所示。

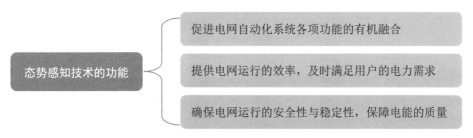

图5-27 态势感知技术的功能

058 智能电网在我国的发展状况如何

智能电网是电力行业发展的必然趋势，具备电力系统的智能化升级与调控、"源网荷储"的紧密衔接、电力资源的稳定输送以及清洁能源的消纳与存储增强等优势。

就我国而言，国家大力推崇智能电网的建设，并作为新基建的重点扶持项目予以重视。为建设与优化智能电网，我国制定了当前智能电网的发展战略，具体内容如图 5-28 所示。

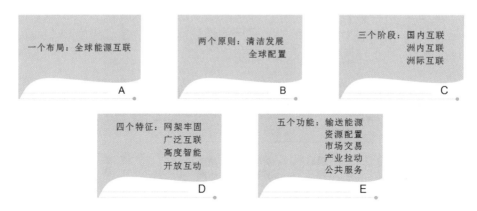

图 5-28　智能电网的发展战略

以发展战略为导向，来构筑智能电网。截至 2021 年，我国智能电网的市场规模达到 1200 多亿元，发展前景广阔。图 5-29 所示为 2016—2021 年国家智能电网的市场规模统计图。

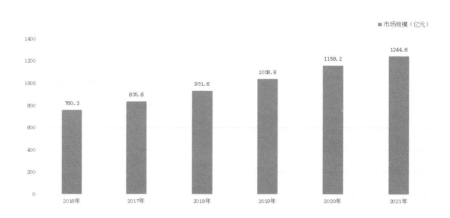

图 5-29　2016—2021 年国家智能电网的市场规模统计图

与此同时，国家对智能电网各个环节的投资也推动了智能电网的发展。据统计，"十三五"期间，国家投资智能电网的应用环节高达 500 亿元，其次是配电环节，达到 450 亿元，对智能电网的建设给予大力支持。图 5-30 所示为"十三五"期间中国智能电网各环节建设投资金额统计图。

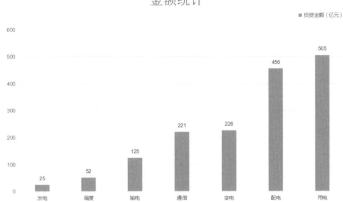

图 5-30 "十三五"期间中国智能电网各环节建设投资金额统计图

目前，比较著名的智能电网应用场景有南方电网实施的数字电网行动、上海世博会供电智能化保障、中新天津生态城建设的智能电网示范工程以及长沙市提供的智能配电服务等。下面我们以长沙市提供的智能配电服务为例，详细说明智能电网的应用。

长沙市政府与国网湖南省电力有限公司于 2019 年联合制定了"长沙智慧电网三年行动计划"，以 12 项电力工程和 5 个用电示范区为建设出发点，致力于打造智能、安全、可靠的绿色电网。得益于互联网技术的运用，智能电网的建设可使长沙用户的办电时间缩短 25%，核心城区停电事故发生时间不超过 5 分钟，长沙市整体的电力水平上升了一个阶梯。

当前推出的国网湖南省电力平台（见图 5-31），实现了用户线上办理电力相关业务，如缴纳电费、用电查询、保修检修等，这是长沙市提供的智能配电服务的一大进步。

未来，我国智能电网的发展趋势会集中在如图 5-32 所示的几个方面。

图 5-31 国网湖南省电力平台

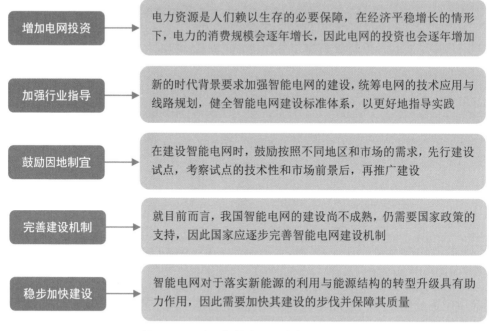

增加电网投资	电力资源是人们赖以生存的必要保障，在经济平稳增长的情形下，电力的消费规模会逐年增长，因此电网的投资也会逐年增加
加强行业指导	新的时代背景要求加强智能电网的建设，统筹电网的技术应用与线路规划，健全智能电网建设标准体系，以更好地指导实践
鼓励因地制宜	在建设智能电网时，鼓励按照不同地区和市场的需求，先行建设试点，考察试点的技术性和市场前景后，再推广建设
完善建设机制	就目前而言，我国智能电网的建设尚不成熟，仍需要国家政策的支持，因此国家应逐步完善智能电网建设机制
稳步加快建设	智能电网对于落实新能源的利用与能源结构的转型升级具有助力作用，因此需要加快其建设的步伐并保障其质量

图 5-32　我国智能电网的未来发展趋势

专家提醒

　　建设智能电网的试点，是指选择某一区域作为先行建设的示范区，在对示范区的技术性、安全性、发展前景等方面进行考察之后，再进行推广并规模化建设，如中新天津生态城、上海世博园供电建设、广州知识城等都是智能电网的示范区。

第6章

充电桩：新能源汽车的驱动力

学前
提示

近年来，随着新能源汽车被广泛地使用，充电桩为满足其充电的需求也应运而生，成为新基建的一个重大应用领域。通过将充电桩与交流电网直接连接，输出不同等级的电压来满足电动汽车的需求，这就是充电桩的工作原理。

059 充电桩的由来是什么

充电桩是电动汽车的充电装置，产生于电动汽车的需求。

1881 年，法国工程师古斯塔夫·特鲁夫（Gustave Trouvé）成功发明了世界上第一台可充电的电动汽车（见图 6-1），以铅酸电池为驱动力行驶，由此开启了充电技术在汽车方面的应用，这是大众普遍认可的电动汽车的起源。

此后，随着蓄电池技术的不断研发，德国、美国等国也纷纷推出了电动汽车，并广受当时的人们推崇，电动汽车也迎来了它的黄金时代。19 世纪末，有的公司甚至可以提供电动卡车换电服务。然而好景

图 6-1　第一台可充电的电动汽车

不长，20 世纪上半叶，大量的油田被发现与内燃机技术的改良、提高，使燃油汽车抢占了电动汽车的市场，电动汽车由此进入了沉寂期，只有少部分用于商用，如高尔夫球场车等。

尽管电动汽车处于沉寂期，但有些汽车品牌仍未放弃对电动汽车的改良。20 世纪 90 年代初，电动汽车终于重新被人们重视。电动汽车重新受欢迎的原因大致可归纳为如图 6-2 所示的几点。

电动汽车重新 受欢迎的原因	石油资源经过大规模与长时间的使用后，日益减少
	汽车尾气排放导致大气污染加重，引起人们重视
	燃油汽车存在噪声、气味和震动等方面的劣势
	政府制定的汽车零排放计划推动了电动汽车的发展
	各大知名汽车品牌改良了电动汽车的性能

图 6-2　电动汽车重新受欢迎的原因

进入 21 世纪，美国著名汽车企业特斯拉首当其冲推出了电动汽车。例如，

Model S 纯电动平台集成了动力总成和电池技术，可实现更高的效率、性能和续航，如图 6-3 所示。特斯拉以高续航、性能优等前卫的电动汽车设计赢得了市场优势，并进一步带动了电动汽车行业的发展。

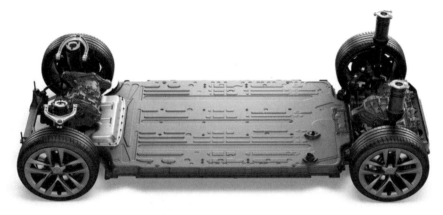

图 6-3　Model S 纯电动平台

随着电动汽车的需求量不断增加，各大汽车品牌为确保电动汽车能够持久续航，纷纷对电动汽车的充电装置进行改良。充电装置的基本原理是输入电网的电能来为电动汽车的蓄电池续航。按照安装方式的不同，充电装置可分为两种类型，如图 6-4 所示。

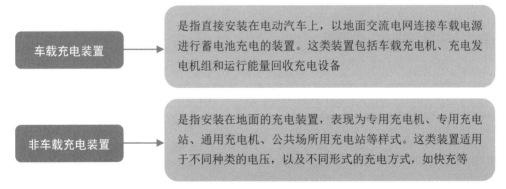

车载充电装置	是指直接安装在电动汽车上，以地面交流电网连接车载电源进行蓄电池充电的装置。这类装置包括车载充电机、充电发电机组和运行能量回收充电设备
非车载充电装置	是指安装在地面的充电装置，表现为专用充电机、专用充电站、通用充电机、公共场所用充电站等样式。这类装置适用于不同种类的电压，以及不同形式的充电方式，如快充等

图 6-4　充电装置的两种类型

充电桩（见图 6-5）是一种非车载充电装置，以充电站的形式来满足不同电动汽车的充电需求。

另外，充电装置还可以按照充电时的能量转换方式不同，分为接触式和感应式两种类型。这两种类型的区别在于充电装置与电动汽车是否直接接触，前者为直接接触，后者为无直接的连接点。

图6-5 充电桩

在我国，充电桩几乎遍布各个公共场所与小区停车场，其建设从无到有可以概括为3个阶段，如表6-1所示。

表6-1 我国建设充电桩的3个阶段

不同阶段	具体概述	主要特点
萌芽阶段（2006—2012年）	（1）2006年，新能源汽车领头者比亚迪企业建设了我国第一个充电站，奠定了基础； （2）2007年，北京市交通总局为助力奥林匹克运动会建设了一个集中式的地面充电站； （3）之后，上海电力公司、国家电网相继推出了商业运营充电桩，提供快充与慢充服务； （4）2012年，国家出台的相关政策，提倡建设慢充桩和快速换电设施，为充电桩的未来发展提供了方向指导	服务单一：建设好的充电站只满足于企业内部规模性或区域性的电动用车需求； 发展缓慢：只有少数的企业参与充电桩建设，且没有可以作为参考的发展模式

不同阶段	具体概述	主要特点
发展阶段（2012—2020年）	(1) 2014年，国家电网全面开放分布式电源并网工程与电动汽车充换电设施市场，吸引了众多企业来投资充电桩； (2) 2015年，新能源汽车（电动汽车）销售量突破30万辆，从而带动了交换电行业的进一步发展； (3) 2015—2019年期间，各大汽车企业在"主导快充、兼顾慢充、引导换电、经济实用"的原则下研发、建设充电桩，与此同时，国家电网打造了智能充电平台"e充电"，对建设充电桩进行规范化管理； (4) 2020年，新能源汽车销售量突破130万辆，创历史新高	市场开放：在国家政策的引导和新能源汽车的大量需求下，有不少企业参与到充电桩建设中，同时也涌现了与行业相关的新兴企业； 发展迅速：主要体现为确立了充电桩的发展模式，并且不断扩张充电桩的相关市场
爆发阶段（2020—2035年）	(1) 2020年，国家将充电桩建设纳入新基建的队伍中，吸引了众多企业的投资； (2) 2021年，国家商务部等相关部门提出扩大充电桩的应用市场，鼓励充电桩进入县、乡等； (3) 国务院办公厅印发的《新能源汽车产业发展规划（2021—2035年）》大力扶持、鼓励充电桩的发展	政策扶持：国家积极主动地推进新能源汽车与充电桩的建设、发展； 社会刚需：充电桩的应用范围扩大，社会需求增加； 前景广阔：充电桩的发展模式相对成熟，未来发展中可进入到盈利期

060 充电桩的技术要求是什么

为满足不同电动汽车的充电需求，充电桩分为交流式、直流式和一体式3种充电模式，不同的充电模式有不同的技术要求，具体说明如图6-6所示。

图6-7所示为一体式充电桩，落地安装于各个停车场或交通比较密集的场所，不仅可以满足电动汽车的充电需求，而且还可以根据电池特性进行在线实时优化，从而提升充电速度。

交流式充电桩 → （1）电源要求：输入单相电压 220 V，输出功率为 5 kW，频率为 50±2 Hz、电压波动范围在单相 220 V±15%之内；
（2）电气要求：配备漏电保护、低压配电、故障感应系统

直流式充电桩 → （1）电源要求：输入三相四线电压 380 VAC±15%，频率为 50 Hz±5%，最大的电流输出量兼容电动汽车的电池需求；
（2）电气要求：实现智能化管理，监控充电状态

一体式充电桩 → （1）电源要求：提供交流式与直流式两种充电接口；
（2）电气要求：配备安全调控、建筑设备管理等系统，具备刷卡、语音提示、打印凭条等功能

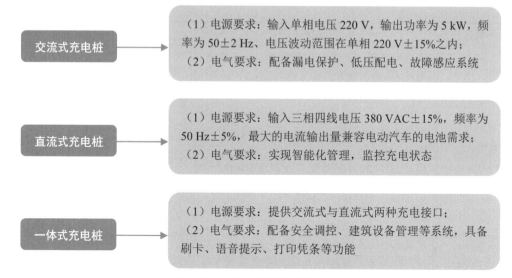

图 6-6　不同充电模式的技术要求

图 6-7　一体式充电桩

另外，不同的充电模式在环境要求、外形结构、安全防护等方面也有明确的要求，如交流式充电桩要求环境温度在 −20 ～ +50℃之间，需要选用一定厚度的钢组合结构建设等。

单相电压是指由一根火线和一根零线组成的接线方式，常表现为 220 V 的电压，如家庭用电。三相四线则是指 3 根火线和一根零线组成的接线方式，常用作工业用电。V 是 voltage 的英文缩写，指伏特，为电压单位；AC 是 alternative current 的英文缩写，指交流电；380 VAC 即 380 伏特交流电。kW 是 kilowatt 的英文缩写，指千瓦，为电能单位。Hz 是 hertz 的英文缩写，指赫兹，为频率的测量单位。

061　充电桩的建设要求是什么

　　充电桩是以分配电网的形式来为电动汽车提供充电服务的，它在与电网连接时会涉及通信，因此建设充电桩需要选择合适的通信方式。常见的通信方式有两种，如图 6-8 所示。

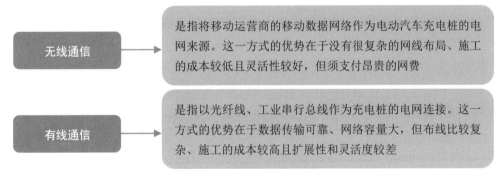

图 6-8　充电桩的两种通信方式

　　若建设的充电桩分布较分散且覆盖范围广，则在选择通信方式时，需要集中考虑如图 6-9 所示的事项。

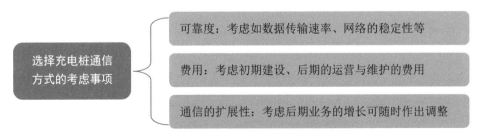

图 6-9　选择充电桩通信方式的考虑事项

充电桩的工作原理是关于电流的传输，因此在建设时还需要重点考虑安全防护，具体可以采取如图6-10所示的防护措施。

图6-10 建设充电桩的安全防护措施

建设充电桩的安全防护措施

- 充电桩的外壳采用承重能力强、防触电、散热快、抗老化、防盗性能好的材质，如一定厚度的钢结构
- 充电桩选择适宜的环境进行安装，其内部各线路做好防潮湿、防霉变、防盐雾等举措
- 变换电所、高压配电室等场所设置安全信号灯，悬挂"高压危险"警示牌等明显的标志

图 6-10　建设充电桩的安全防护措施

062　充电桩的实现功能有哪些

充电桩主要为终端用户提供电动汽车充电服务，具体而言，用户通过充电桩App来享受这一服务。充电桩App具备如图6-11所示的功能。

充电桩App具备的功能

- 定位：用户可搜索到可视范围内的充电桩位置
- 提供选择：按用户的出行需求提供快充或慢充服务
- 预约服务：根据充电桩的状态，帮助用户提前预约
- 显示计费：详细说明收费标准，支持用户线上支付
- 支持反馈：用户使用充电桩后可进行评价和交流
- 支持共享：私人的充电桩也可接入供其他用户使用
- 管理个人信息：提供用户查询个人信息等功能

图 6-11　充电桩 App 具备的功能

充电桩的建设人员也可以通过 CAN（controller area network，控制器域网）总线进入充电桩 App 的后台管理系统，进行充电桩的运营与维护。图 6-12 所示为充电桩 App 的后台管理系统。

图 6-12 充电桩 App 的后台管理系统

063 充电桩的应用方案有哪些

充电桩主要为电动汽车补给能量，与汽车加油站的效用相同，遍布于各个公共停车场、社区停车区域以及合适的可固定点，为电动汽车提供服务。近年来，随着充电桩的需求不断增加，充电桩的建设衍生出了以下 3 种应用方案。

1. 满足于不同场景的需求

充电桩结合不同场景下的用车需求来建设，主要有家庭用车、出行用车以及突发状况用车 3 大类场景，分别对应着家庭充电、目的地充电和应急充电 3 种不同的充电桩应用类型，具体说明如图 6-13 所示。

2. 扩大目的地充电的范围

在上述 3 种充电桩的应用类型中，家庭充电和应急充电相对较为个例，普遍的电动汽车充电需求在于目的地充电，因此在建设充电桩时，可适当扩大目的地充电的范围，如在旅行出游的目的地、商业街的停车场、服务为主的场所等尽可能多地建设充电桩。图 6-14 所示为某街道的充电桩。

家庭充电	针对私人的电动汽车充电需求，具体表现为在自家的停车场安装充电桩或使用充电枪来充电
目的地充电	针对驾驶电动汽车出行时的充电需求，具体表现为在公共场所中建设充电桩，以换电或超级充电站的方式来提供充电服务
应急充电	针对电动汽车在行驶中突发的"没电"状况，一般采取移动充电车充电、道路救援或拖车服务等举措

图 6-13　3 种充电桩应用类型

图 6-14　某街道的充电桩

3. 网约车改为纯电动汽车

网约车是指通过网络预约让用户享受汽车接送服务的出租汽车，纯电动汽车是指以电力为主要驱动力行驶的汽车，网约车改为纯电动汽车是目前城市规划管理的一大趋势，也是充电桩建设的一个机遇。图 6-15 所示为纯电动汽车。

因为网约车需要行驶的时间较长，改为电动汽车后对续航能力要求会较高，因此在城市的核心路段建设充电桩是有一定效用的。

图 6-15　纯电动汽车

064　充电桩的应用案例分析

充电桩的建设场所主要为停车场，如额济纳旗某街道综合驿站的充电桩建设，其建设项目包含新建停车场、开放式露天篮球场在内的场所，占地面积约为 1.4 万平方米，总资金投入约为 1100 万元。

在建设充电桩之前，有关负责人对该地的车辆、停车场的情况进行了调研，具体为该地为旅游场所，车流量大，建设充电桩可满足游客的停车需求；停车场的机动车位有 80 多个，除去大巴车、小车、房车、共享单车的停放区域，有 24 个充电车位。其中，24 个充电车位要求立柱式充电桩，具体的建设方案如表 6-2 所示。

相关负责人员建设充电桩时，充分考虑了额济纳旗当地的使用需求和安装要求，因地制宜地推荐合适的产品，并配备有较完善的充电桩运营和管理服务。

随着新能源电动汽车的使用越来越多，在条件许可与便捷性的驱动力之下，家用充电桩也成为更多人的选择，如图 6-16 所示。如生活在成都的业务员杨先生，以新能源电动车作为每日出行的交通工具，因使用公共充电桩需要等候的时间过长，所以计划购买一个私人充电桩（家用充电桩）。

表 6-2　额济纳旗某街道综合驿站的充电桩建设方案

考虑方面	具体方案
需求分析	该地需建设的充电桩数量较少，且主要是立柱式充电桩，主要满足当地居民的日常使用和游客需求，重点以经济效益为主
推荐产品	交流充电桩（AEV—AC007D—LCD）24 台； 充电桩立柱（AEV—AC007D—LZ）24 台； 云平台（帮助实时监控的设备，其型号为 ACREL—9000）1 个
产品特点	（1）适配所有符合 GB/T 20234.2—2015（国家标准的电动汽车充电接口）国标的电动汽车； （2）具备智能监控功能，对充电桩的使用状况、运行状态等实时监测； （3）配备智能电能表，对充电时长等进行计量； （4）云平台可以监测、管理充电桩； （5）具有防雷、防漏电、防接地等安全防护功能； （6）通信功能好，可以实现远程更新； （7）材质可靠，能够适应不同的环境

图 6-16　家用充电桩

杨先生最大的诉求是充电桩安装便捷、使用方便，为此他综合考虑以下几个因素，并筛选出了几种可选择的充电桩，详细说明如表 6-3 所示。

表 6-3　家用充电桩的应用案例

考虑方面	具体方案
最大诉求	安装便捷、使用便捷
安装条件	（1）与自己的电动汽车型号相匹配，如充电的功率、电压范围等； （2）有安全保障，如漏电保护、温度调节、防潮保护等； （3）制定出一个预算，购买充电桩的价格在可承受的预算范围内； （4）考虑知名品牌的充电桩，相对而言具有质量保障，如特斯拉
可选择产品	（1）特来电 7 kW 交流新能源电动汽车充电桩，其优势在于采用高强度的 PC + ASA（一种合金聚碳酸酯工程材料）工程外壳，有防水、防潮等功效；以抗氧化纯铜材质的充电线连接，防止漏电、失火等事故发生；与智能手机相连接，可随时查看充电状态。该产品的价格在 2100 元左右 （2）普诺得品牌官方适配的特斯拉随车充电器，功率为 220 V/36 A，它的优势在于充电桩适配于不同类型的插座，利用率较高，如图 6-17 所示；出门时可以随身携带，也可以固定于车库中使用；充电桩的外壳具有防水、防碾压等保护措施，充电线为抗氧化纯铜材质的电缆线，温度过高时会自动切断电源；支持电子监控，避免被盗。该产品的价格在 1500 元左右 （3）火星虎品牌的家用新能源电动汽车交流充电桩，功率为 220 V/32A，它的优势在于有智能温控系统，可以预防漏电以及温度过高而出现的风险；充电枪头是国际通用的 7 孔枪头，与现今流行的电动汽车充电接口较为适配；这类充电桩可以悬挂在室内的墙壁上，也可以直立于室外。该产品的价格在 1300 元左右

图 6-17　普诺得品牌的充电桩产品

杨先生在选择充电桩时，综合考虑了自己的最大诉求和安装条件，分析并筛选出了 3 种充电桩，在充分考虑之后购买并安装，让充电桩发挥出最优价值，真正做到物有所值或物超所值。

专家提醒

充电桩的运营商除了通过建设公共充电桩与私人充电桩来盈利之外，还可以与汽车厂商合作，销售给汽车厂商作为消费者购买电动汽车的赠送品，从中获得盈利。

065 充电桩的盈利模式是什么

近年来，随着电动汽车行业的不断发展，充电桩产业也发展迅速，不少企业因为看中充电桩的发展前景，纷纷投入到充电桩的建设之中。在我国，企业依托充电桩盈利有 3 种主流的模式，如图 6-18 所示。

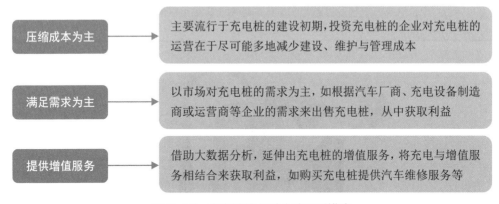

图 6-18 充电桩的 3 种主流盈利模式

随着充电桩建设与互联网大数据的不断融合，充电桩实现的功能越来越强大，如智能化分析用户需求、信息传播与共享等，使得充电桩产业的发展前景越来越广阔。未来，充电桩的建设与运营还可能存在 4 种潜在的盈利模式，如图 6-19 所示。

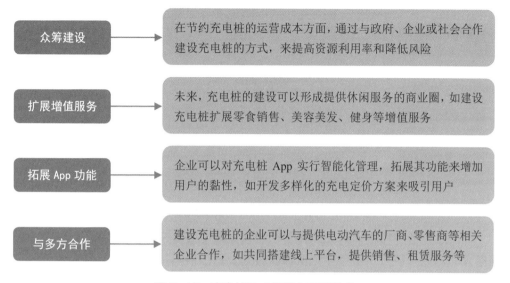

众筹建设	在节约充电桩的运营成本方面，通过与政府、企业或社会合作建设充电桩的方式，来提高资源利用率和降低风险
扩展增值服务	未来，充电桩的建设可以形成提供休闲服务的商业圈，如建设充电桩扩展零食销售、美容美发、健身等增值服务
拓展 App 功能	企业可以对充电桩 App 实行智能化管理，拓展其功能来增加用户的黏性，如开发多样化的充电定价方案来吸引用户
与多方合作	建设充电桩的企业可以与提供电动汽车的厂商、零售商等相关企业合作，如共同搭建线上平台，提供销售、租赁服务等

图 6-19　充电桩的 4 种潜在盈利模式

066　充电桩在国内外的发展如何

在新能源汽车广受欢迎之际，作为新能源汽车外置心脏的充电桩的需求量也大幅增长，充电桩产业也因此蓬勃发展，分布于全球。其中，充电桩在国外的发展主要集中在美国、日本、德国等国，本节以美国、日本和德国作为国外代表来介绍充电桩在国外的发展，并对我国的充电桩发展状况进行综述。

1. 国外的充电桩

充电桩在国外的发展主要以美国、日本和德国为代表。充电桩在美国的发展由需求驱动兴起到未来发展，大致可以归纳为以下几个阶段。

（1）兴起阶段：美国的充电桩兴起得益于电动汽车的高销量，据统计，美国的电动汽车销售额居世界首位，约占市场份额的一半。为满足用户不断增长的需求，美国政府与汽车相关企业合作，致力于电动汽车充电桩的研究。

（2）发展阶段：随着电动汽车的不断商业化、市场化，充电桩几乎遍布美国城市的各个停车场或空闲的充电站，且美国政府会给予安装充电桩的企业或个人纳税优惠，这一政策进一步刺激了充电桩产业的发展，充电桩运营模式逐渐多元化。

（3）发展前景：经专家预测，电动汽车充电桩的建设为美国带来的经济收益日益增长，未来的发展前景更为广阔。

充电桩在日本的发展主要依靠政府的支持与汽车企业的投资。其中，政府的支持主要体现在 3 个方面，如图 6-20 所示。

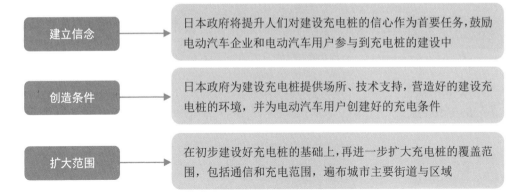

图 6-20　日本政府支持充电桩发展的体现方面

而汽车企业的投资，则体现在各个知名充电设备生产商协同研发以及日本充电服务公司对充电桩提供安装和免费保修服务上。在日本，电动汽车用户可以通过充电桩 App 查询到所在地周围的充电桩信息，准确地选择自己车辆所需的充电桩。

专家提醒

　　日本充电服务公司是由丰田、本田等多家著名汽车企业与日本政策投资银行共同投资创立的，主要负责充电桩在市场中的建设与维护工作。日本现存的充电桩几乎都是由日本充电服务公司主导建设的，且提供给用户使用的充电桩 App 也由该公司运营与维护。

德国的充电桩主要被各大充电运营商垄断，政府对充电桩给予大功率充电设施建设补贴。充电桩分为公共充电桩与私人充电桩，用户在使用充电桩时，可以通过充电桩 App 查找对应的充电桩，并制定好出行路线预约充电。

2. 国内的充电桩

我国的充电桩发展在政策的支持与社会资本的参与下，形成了稳定的产业链。从充电桩的建设出发，将充电桩涉及的相关产业，如充电设备生产商、充电运营商等连接起来，构筑成一条完整的充电桩产业链。

（1）产业链的上游企业是充电设备生产商，主要为提供建设充电桩的各种零件的厂商，如提供芯片的厂商。

（2）产业链的中游是充电桩的建设者与运营者，如在城市的各大停车场建设充电桩，并提供充电桩服务的企业。

（3）产业链的下游则是电动汽车的生产商或电动汽车的用户。

用户在国内使用充电桩时，主要通过充电桩 App 和智能小程序（见图 6-21）

追踪到充电桩的位置，随后享受充电服务。相比于美国、日本和德国，我国充电桩App 提供的支付方式更多元化，可以使用银行卡、信用卡、支付宝或微信等方式付款。

图 6-21　充电桩 App 和智能小程序

据充电联盟的数据显示，截至 2022 年 5 月，我国的公共充电桩达到 140 多万台，其中直流充电桩 61.3 万台，交流充电桩 80.6 万台，交直流一体充电桩 485 台，同比去年公共充电桩数量增长近 4 万多台。充电桩的产业发展迅速，主要得益于充电桩产业的 3 种运营模式，如图 6-22 所示。

	政府参与投资，给予充电桩的建设以鼓励
我国充电桩产业的 3 种运营模式	电动汽车的生产商、销售商相互协同参与运营
	政府与企业合作建设，助力充电桩产业的发展

图 6-22　我国充电桩产业的 3 种运营模式

067　我国建设充电桩存在哪些问题

虽然我国充电桩产业发展的速度很快，但在发展过程中也不可避免地出现了一些问题，主要体现在充电桩的运营与维护两个方面。本节将从这两个方面切入，详细说明我国建设充电桩存在的问题。

1. 充电桩运营方面

充电桩运营方面存在的问题，主要是指充电桩运营商在建设充电桩时存在的困难，如建设充电桩的开发成本和投资成本过高等，详细介绍如图 6-23 所示。

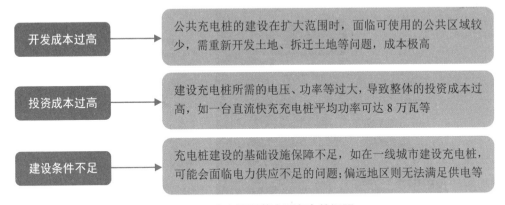

图 6-23　充电桩运营方面存在的问题

目前，因开发和投入的成本过高，公共充电桩的建设主要依赖于政府的补贴，但投入的资金回笼速度慢，不仅影响了企业的整体收入，也限制了企业的发展。

2. 充电桩维护方面

充电桩维护方面存在的问题，主要表现为已经建设好的充电桩存在建设类型分布不均、区域分布不均、充电桩故障率高等问题，详细说明如下。

（1）建设类型分布不均：是指公共充电桩的建设完成度高于私人充电桩的建设完成度。私人充电桩的建设率低会影响电动汽车用户的需求以及消费体验，而造成这一问题的原因主要有 3 个方面，如图 6-24 所示。

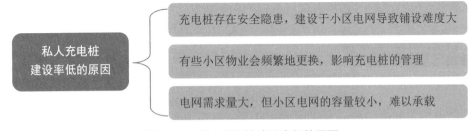

图 6-24　私人充电桩建设率低的原因

（2）区域分布不均：主要指充电桩的建设难以满足所有电动汽车的需求，因此在区域分布上出现失衡。如有些区域的充电桩过于紧张，导致供应不足以支撑需求；而有些区域的充电桩则过于宽裕，导致充电桩闲置。

（3）充电桩故障率高：主要为已经建成的公共充电桩存在的相关问题，如公共充电桩不能正常使用、充电耗时长等，详细说明如下。

● 燃油车占领公共充电桩的停车位、公共充电桩故障发生率高等原因导致公共充电桩不能正常使用。图 6-25 所示为新能源用户 10 大热门城市调研数据。

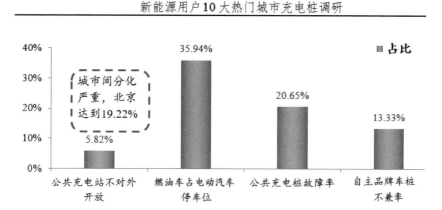

图6-25 新能源用户10大热门城市调研数据

● 据统计，使用公共快充电桩充电平均耗时 1.32 小时、公共慢充桩充电平均耗时 5.09 小时，且均不包含预约等候的时间。

● 因充电发生的着火事故概率高，多数火灾发生于电动汽车正在充电的过程中或充电完成后处于待机状态时，原因在于电池在高荷电状态下安全性会变差。

● 公共充电桩的利用回报率与建设投入不匹配，导致建设或运营充电桩的企业亏损，建设充电桩的积极性不高。

068 充电桩的建设有哪些战略举措

为实现充电桩产业的可持续发展，采取举措解决上述存在问题是十分必要的。具体来说，企业内部需要预测充电桩的发展格局、升级充电桩的产业附加价值，企业外部需要政策支持充电桩的建设，以及充电桩的产业链上各个企业通力合作。本节将详细介绍这些举措，为建设充电桩的相关企业提供参考。

1. 预测充电桩的发展格局

智能化充电是充电桩应用的一大进步，在未来的充电桩行业发展中，充电桩的建设将以智能化有序充电为主、大功率公共充电为辅，这一建设方向的优势如图 6-26 所示。

充电桩未来建设
方向的优势

智能有序充电应用于建设私人充电桩，可减少电网的冲击，降低小区内电网铺设的改造成本

提升公共充电桩的功率，有助于缩短公共充电桩的充电时间，从而更好地满足电动汽车的充电需求

细分充电桩的应用市场，将可更换电池主要应用于公交车和公司自用车，有助于规范充电桩的运营标准

图 6-26　充电桩未来建设方向的优势

专家提醒

　　智能有序充电是指电动汽车运营商与充电设备企业按照相关规范与标准，在电动汽车用户的自用停车位上建设具备有序充电功能的智能自用充电桩，尽量遍布具备安装条件的各个小区，以"时间优先、效率优先"为原则，有序满足用户的充电需求。

　　智能有序充电主要以充电运营平台和智慧能源平台来对各个充电桩进行管理，充电桩的电能通过 CAN 总线和以太网传输给充电桩设备，用户以点单模式获得充电服务。图 6-27 所示为智能有序充电的系统架构。

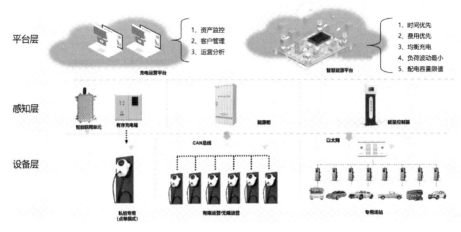

图 6-27　智能有序充电的系统架构

2. 升级充电桩的产业附加值

充电桩可以成为获取电动汽车数据的端口，主要表现为充电桩在为电动汽车提供电能时，企业可以通过充电桩连接的网络了解到充电桩的使用情况以及电动汽车的动态，从而帮助构建电动汽车网络。具体而言，充电桩提供的数据包括 3 个方面，如图 6-28 所示。

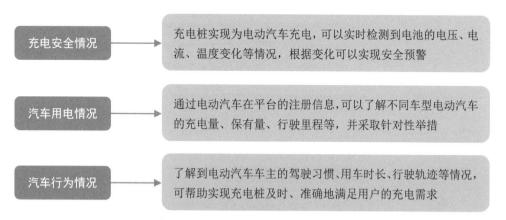

图 6-28　充电桩提供数据的 3 个方面

3. 政策支持充电桩的建设

因为充电桩的建设尚处于发展不平稳的阶段，且是新基建的重点项目之一，因此在建设与运营中需要国家政策的支持。在建设充电桩时，国家可以提供如图 6-29 所示的几个方面的政策支持。

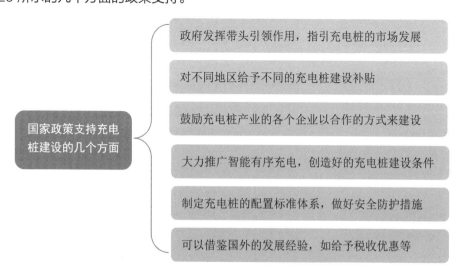

图 6-29　国家政策支持充电桩建设的几个方面

各地政府对充电桩建设的指引可以通过制定电动汽车充电基础设施发展指南或规划的方式来进行，如某省《公（专）用充电基础设施建设运营管理暂行办法》，部分内容如图 6-30 所示。

第二条 本办法所称充电基础设施是指为电动汽车提供充电服务的公(专)用充电桩及其接入电网的相关设施，主要包括：

（一）公用充电基础设施，指在独立地块、社会公共停车场、住宅小区公共停车场、商业建筑物及酒店配建停车场、加油（气）站、高速公路服务区、交通枢纽、医院、园区景区等区域规划建设，面向社会车辆提供充电服务的充电基础设施。

（二）专用充电基础设施，指在党政机关、企（事）业单位、社会团体、园区等专属停车位，为公务车辆、员工车辆等提供专属充电服务的充电基础设施，以及在公交车、客运汽车、出租车、环卫、物流等专用车站场所建设，为专用车辆等提供专属充电服务的充电基础设施。

第三条 本省行政区域内充电基础设施的规划编制、投资建设、运营管理等相关事宜适用本办法。

第二章 规划管理

第四条 充电基础设施专项规划（以下简称"专项规划"）是充电基础设施建设的依据。各市（州）政府要切实承担起统筹推进充电基础设施发展的主体责任，根据国家和省政府的要求，结合本区域经济发展情况等，按照"适度超前、统筹布局、市场运作"的原则，组织编制和实施本行政区域内专项规划。

图 6-30　某省《公（专）用充电基础设施建设运营管理暂行办法》部分内容

4. 产业链上各个企业通力合作

充电桩产业发展的最终目的是通过满足终端用户的需求来获取利益，处于充电桩产业链上的各个企业目标一致、通力合作更有助于高效率地实现这一目标。企业合作的策略如图 6-31 所示。

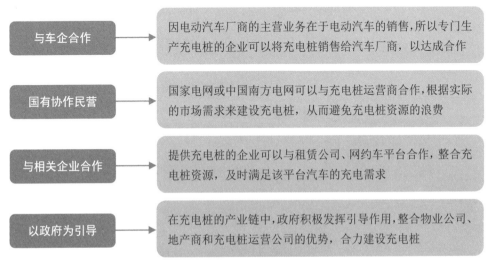

图 6-31　充电桩产业链上企业合作的策略

充电桩企业间的合作发展，是实现充电桩精准定位市场需求、有效获取资金回笼的最佳途径，这里以 ×× 股份有限公司和 ×× 网络科技有限公司合作建设充电桩为案例进行说明，如表 6-4 所示。

表 6-4　充电桩企业合作的案例

合作企业	×× 股份有限公司	×× 网络科技有限公司
简要介绍	一家高新技术企业，专注于新能源的开发与利用	一家响应"互联网＋"的智能硬件企业，提供充电网络建设与服务
担当职责	投资 ×× 网络科技有限公司 5000 万元致力于充电站的建设，并获得 10% 的股权	主要集中于研发与建设充电站，提供充电服务与构建充电网络
取得效果	与合作伙伴共同建设了上海第一座民营光伏充电站，提供的充电服务遍布于长江中下游地区； 各个充电点以互联网连接，提供给用户以便捷式、规范化的充电服务； 用户通过手机 App 可享受充电桩的查询、定点、预约、充电等服务，还可以预约道路救援，帮助用户轻松驾驶，真正实现了充电桩的高效利用，进一步加强了用户黏性	

第 7 章
城际交通：智能铁路构筑城市群

学前
提示

城际交通是指城市与城市之间往来通达的运输系统，包括城际高速铁路和城际轨道交通。秉持着"要想富，先修路"的发展理念，我国的城际交通在社会经济发展中起着至关重要的作用，同时也是新基建的重要建设领域之一。

069 城际交通指什么

以"阡陌交通"一词切入，来理解"交通"的含义。《桃花源记》中描述桃花源时，写到"阡陌交通，鸡犬相闻"这一场景，意思是田间小路交错相通，所见之处人烟稠密。其中，"阡陌"指田间小路，"交通"则为交错相通。沿袭到现在，"交通"仍被用作形容道路的交汇与贯通，如图 7-1 所示。

图 7-1 城市道路的交汇与贯通

现在我们所说的交通，主要包含运输和邮电两个用途，运输主要实现人或货物的物理位置移动，而邮电则用于语言或图文信息的传递。"城际"是指不同城市之间的距离，城际交通则是打破不同城市之间的距离，将其交汇与贯通。

城际交通主要用于运输，以铁路、公路、水路和航空等方式进行，通常表现为铁路与公路的建设，包含城际高速铁路和城际轨道交通两大类，本节将详细介绍这两大类城际交通。

1. 城际高速铁路

城际高速铁路（简称城际高铁，如图 7-2 所示）有广义和狭义之分。广义的城际高速铁路是指高速轨道运输系统，包括运输的基础设施、列车运行系统和运输产品与服务系统；而狭义的城际高速铁路是指运行在高速铁路上的城际列车，主要用于满足不同城市之间的客运需求。

简言之，城际高速铁路是交通运输系统的重要组成部分，主要充当货运、客运的作用。

图 7-2　城际高速铁路

专家提醒

　　在我国，城际高铁的时速高达 200 km/h 以上。其中，中国高铁（CRH）和谐号列车（见图 7-3）称为"动车组"，时速为 160～200 km/h 的城际列车称为"准高速特快列车"，时速为 120～160 km/h 的称为"快速城际高速列车"，时速为 120 km/h 以下的称为"普快城际高速列车"，时速为 80 km/h 及以下的称为"普客城际高速列车"。

图 7-3　和谐号列车

城际高速铁路以列车的形式发挥客运或货运的作用，具有如图 7-4 所示的几个功能。

城际高速铁路具有的功能

实现"区域经济圈"内或不同区域之间的运输

为不同城际往来提供旅客和货物两种运输服务

提供不同时速的运输服务，满足不同的运输需求

图 7-4　城际高速铁路具有的功能

2. 城际轨道交通

城际轨道交通是指穿梭于城市内部或不同城市之间的轨道运输系统，包括铁路运输线路和铁路运输列车，如图 7-5 所示。通常情况下，城际轨道交通分为地下铁路交通、地面铁路交通、高架铁路交通，城际高铁则属于城际轨道交通的一种。

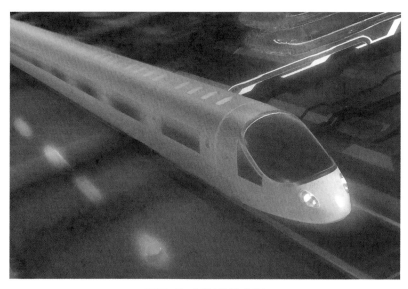

图 7-5　城际轨道交通

城际轨道交通的建设有如图 7-6 所示的几个作用。

	贯通城市的各个区域，扩大城市居民的可出行范围
城际轨道交通 建设的作用	以公共交通的形式为城市居民的出行提供便利
	有助于缓解城市的住房紧张、大气污染等问题
	以高效率、短时长的特点改善人们的生活质量

图 7-6 城际轨道交通建设的作用

070 城际交通如何构筑城市群

　　随着城镇化进程的不断加快，不同形态的城市兴起，有些城市之间通过便捷的交通往来，在人口分布、城市形态、经济建设等方面实现了高度的融合，从而构筑成了一定的城市群。城市群是指以 1 个大城市为核心，3 个以上大城市为单元构筑而成的一体化、网络化城市群体，如图 7-7 所示。这是城市发展到成熟阶段所产生的空间组织形式，代表着不同城市之间在经济、文化、生活等各方面联系更紧密。

图 7-7 城市群的部分形态展示

　　城市群的形成主要依托于便捷的交通，而在这一过程中，城际交通发挥着至关重要的作用，主要体现在 3 个方面，如图 7-8 所示。

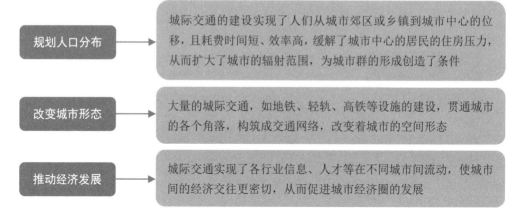

规划人口分布 → 城际交通的建设实现了人们从城市郊区或乡镇到城市中心的位移,且耗费时间短、效率高,缓解了城市中心的居民的住房压力,从而扩大了城市的辐射范围,为城市群的形成创造了条件

改变城市形态 → 大量的城际交通,如地铁、轻轨、高铁等设施的建设,贯通城市的各个角落,构筑成交通网络,改变着城市的空间形态

推动经济发展 → 城际交通实现了各行业信息、人才等在不同城市间流动,使城市间的经济交往更密切,从而促进城市经济圈的发展

图 7-8　城际交通在城市群的形成中发挥的作用

城际交通使城市的空间形态由最初的独立分散逐渐变为一体化的网络结构,促进了城市群的形成,且因各个城市在经济方面往来密切形成的城市经济圈,为城市群的形成奠定了基础。下面以京沪高铁为例,来详细说明城际交通在城市经济发展中所发挥的作用。

京沪高铁又称京沪客运专线,是一条连接北京市和上海市的高速铁路,其建设总投资为 552 亿元,是新中国成立以来投资规模最大的建设项目。其建设过程中有钢筋、水泥等原材料需求,机械、冶金、电力等工程支持,技术人员、工程建设人员以及计算机等支撑,这些构成建设该线路的产业链,为企业提供发展机遇,为社会提供就业机会,以此带动城市的经济发展。图 7-9 所示为京沪高铁的列车运行模拟图。

图 7-9　京沪高铁的列车运行模拟图

专家提醒

　　经济圈又称大城市群或城市圈集合，是国家综合某一特定区域的地理位置优势、经济发展状况和未来发展前景等划定的、具有内部联系的地域产业圈。如长江三角洲经济圈，就是以上海市、江苏省、浙江省和安徽省为中心构筑的经济发展区域。

071　城际交通的战略意义是什么

　　从交通的起源上看，交通主要产生于不同地域的人们之间相互往来的需求，作为交通的其中一种类型，城际交通也不例外，其首要建设意义则是满足不同城市之间人们相互交往的需求，即方便人们外出。图 7-10 所示为华为推出的城市智慧城轨运营通信解决方案，有助于实现城际交通的数字化升级。

首页 > 行业 > 交通 > 智慧城轨 > 城轨运营通信

概述　客户价值　解决方案　相关产品　相关资源　合作伙伴
—

城轨运营通信解决方案

华为城轨运营通信解决方案，采用LTE和OTN承载网络，一网承载列车控制、调度、乘客资讯和视频监控等多种业务，充分提升网络资源利用率，为轨道交通安全运营与增效创收提供保障。华为城轨运营通信方案包括：

- **城轨LTE-M**：专用频段，抗干扰，为城市轨道交通提供可靠的车地无线通信网络，减少非预期停车。
- **城轨智简全光网**：匹配大带宽发展需求，提供多业务统一承载，安全可靠的新一代城轨承载网络。
- **城轨信号承载网**：基于LTE和NE工业路由交换机的城轨信号承载解决方案，为客户提供可靠敏捷的信号承载网。

图 7-10　华为城市智慧城轨运营通信解决方案

专家提醒

　　OTN 的全称为 optical transport network，即光传送网，与 LTE 的作用相同，是通信网络中常用的技术，主要发挥光域内业务信号的传送、复用、路由选择、监控等作用。

　　具体而言，城际交通是面向城市之间的轨道交通系统，不同于地面公路的纯工程类建设，它的建设和运营都需要极高的技术创新、材料支持与工程造价，因此城

际交通建设具有巨大的战略意义，具体表现为如图 7-11 所示的几点。

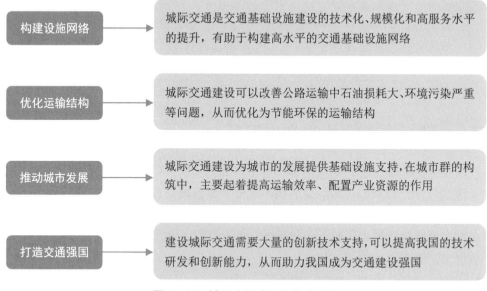

构建设施网络	城际交通是交通基础设施建设的技术化、规模化和高服务水平的提升，有助于构建高水平的交通基础设施网络
优化运输结构	城际交通建设可以改善公路运输中石油损耗大、环境污染严重等问题，从而优化为节能环保的运输结构
推动城市发展	城际交通建设为城市的发展提供基础设施支持，在城市群的构筑中，主要起着提高运输效率、配置产业资源的作用
打造交通强国	建设城际交通需要大量的创新技术支持，可以提高我国的技术研发和创新能力，从而助力我国成为交通建设强国

图 7-11　城际交通建设的战略意义

城际交通作为新基建的应用领域之一，是国家重点推进的建设项目，在未来的建设过程中，可以采取如图 7-12 所示的发展战略。

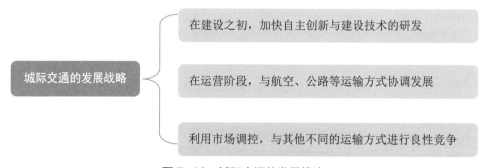

城际交通的发展战略	在建设之初，加快自主创新与建设技术的研发
	在运营阶段，与航空、公路等运输方式协调发展
	利用市场调控，与其他不同的运输方式进行良性竞争

图 7-12　城际交通的发展战略

在推进城际交通建设的过程中，应遵循如图 7-13 所示的几个原则。

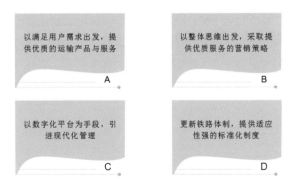

以满足用户需求出发，提供优质的运输产品与服务 A	以整体思维出发，采取提供优质服务的营销策略 B
以数字化平台为手段，引进现代化管理 C	更新铁路体制，提供适应性强的标准化制度 D

图 7-13　城际交通建设遵循的原则

072　城际高铁的建设线路有哪些

根据相关部门的数据统计，截至 2021 年年底，我国已建设的城际高铁运营里程突破 4 万公里，位居世界前列。

城际高铁兼具城际铁路与高速铁路的特征，其建设线路满足不同区域的需求而规划，其中比较有代表性的线路有京津城际高铁、昌九城际铁路、沪宁城际铁路、长吉城际高铁、沪杭城际铁路和贵开城际铁路，具体介绍如表 7-1 所示。

表 7-1　城际高铁的代表性建设线路

线路名称	建设情况
京津城际高铁	于 2008 年开通运行，从北京市至天津市，最高时速可达 350 km/h，是我国建设的第一条城际高铁
昌九城际铁路	于 2010 年开通运行，从江西省南昌市至江西省九江市，是我国建设的第二条城际铁路，建设投资规模大、水平高，达到世界级技术水准
沪宁城际铁路	于 2010 年开通运行，是从上海市至江苏省南京市的区域性高速铁路，其成功建设标志着我国已建成全球标准最高、里程最长、运营速度最快的城际高速铁路
长吉城际高铁	于 2011 年正式运行，从吉林省长春市至吉林省吉林市，为双线电气化线路，行驶速度达到 250 km/h，是我国在高寒地区建设的第一条高速铁路
沪杭城际铁路	于 2011 年正式运行，从上海市至浙江省杭州市，全线设计时速为 350 km/h，有 87% 的工程为桥梁建设，是"四纵四横"客运专线网络中的重要线路之一
贵开城际铁路	于 2015 年正式运行，是贵州省贵阳市至贵州省开阳县的城际客运专线，以时速 160 ～ 200 km/h 的动车组运行，属于贵阳市域快速铁路网中"一环一射两联线"的重要线路

专家提醒

　　"四纵四横"客运专线网络是我国铁道部制定的中长期铁路规划。其中，"四纵"为京沪高速铁路、京港高速铁路、京哈客运专线、杭福深客运专线；"四横"包含沪汉蓉快速客运通道、徐兰客运专线、沪昆高速铁路、青太客运专线。

　　贵阳市域快速铁路网是贵阳市结合自身城市情况建设的快速铁路线路，"一环"指的是环城快速铁路，覆盖范围为全城；"一射"指的是贵州省贵阳市至贵州省开阳县的快速铁路；而"两联线"，指的是修文久长—开阳永温铁路、清镇—织金铁路。

　　在城际高铁的建设中，根据不同的地形会采取不同的工程建造方式，如地下建造、桥梁建造等，如图 7-14 所示。

图 7-14　城际铁路所建造的桥梁

　　城际高铁建设的线路之所以能起到高速度行驶、适应不同的环境等作用，与它建设选用的材料、建造方式等因素相关，这些因素构成城际高铁建设的主要特征，具体如图 7-15 所示。

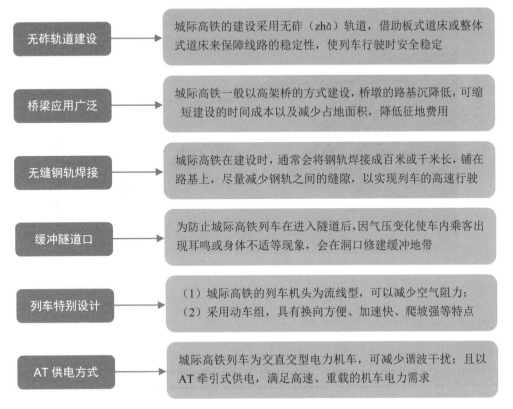

无砟轨道建设	城际高铁的建设采用无砟（zhǎ）轨道，借助板式道床或整体式道床来保障线路的稳定性，使列车行驶时安全稳定
桥梁应用广泛	城际高铁一般以高架桥的方式建设，桥墩的路基沉降低，可缩短建设的时间成本以及减少占地面积，降低征地费用
无缝钢轨焊接	城际高铁在建设时，通常会将钢轨焊接成百米或千米长，铺在路基上，尽量减少钢轨之间的缝隙，以实现列车的高速行驶
缓冲隧道口	为防止城际高铁列车在进入隧道后，因气压变化使车内乘客出现耳鸣或身体不适等现象，会在洞口修建缓冲地带
列车特别设计	（1）城际高铁的列车机头为流线型，可以减少空气阻力； （2）采用动车组，具有换向方便、加速快、爬坡强等特点
AT 供电方式	城际高铁列车为交直交型电力机车，可减少谐波干扰；且以AT 牵引式供电，满足高速、重载的机车电力需求

图 7-15 城际高铁建设的特征

AT 供电方式的全称为 auto transformer supply system of electric traction，指电力牵引 AT 供电方式，如图 7-16 所示。该方式具有防干扰、抗阻力的作用，供电能力强。图 7-17 所示为城际高铁的缓冲隧道口示例图。

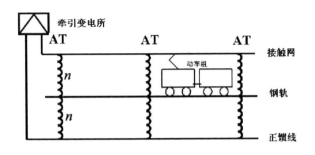

图 7-16 AT 供电方式示意图

图 7-17　城际高铁的缓冲隧道口示例图

专家提醒

　　城际高铁列车中所说的"动车组"，是列车的一种模型，由带动力的车辆与不带动力的车辆共同构成一组动车。其中，带动力的车辆称为动车，不带动力的车辆称为拖车。动车组具有更大的牵引力，能够以较短的时间实现出站口或限速路段的车速调节，且在陡坡路段仍能保持高速、平稳地运行。

　　在城际高铁列车的动车组中，动车的英文为 motor car，简称 M，分为有受电弓的动车（MP）和无受电弓的动车（M）；拖车的英文为 trail car，简称 TC。

073　城际高铁的融资渠道有哪些

　　城际高铁属于国家新基建的工程项目，投资成本高、回报时间长，同时也意味着需要大量的资金投入。就我国而言，投资该项目主要以财政支出为主，也有部分的银行融资，而保持资金来源的稳定性是有效建设城际高铁的必要条件。因此，国家在建设这类项目时，有必要扩展资金来源，尝试一些新的融资方式，如采取如图 7-18 所示的几种措施。

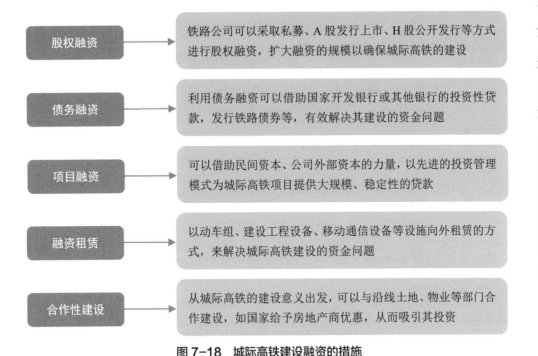

图 7-18 城际高铁建设融资的措施

专家提醒

A 股指人民币普通股票，具体是指由中国境内的公司发行，提供给中国大陆机构或个人以人民币认购和交易的普通股股票。它并非实物投资，而是以无纸化电子记账。H 股是指注册地在中国大陆、上市地在香港地区的中资企业股票。这类股票为实物投资，没有涨幅、跌幅限制。国家进行城际轨道建设时，通常会以 A 股和 H 股发行上市的方式吸引民间资本投资来实现融资。

下面以我国首个民营控股高铁项目——杭绍台高速铁路的建设为例，来说明我国建设城际高铁接受社会资本投资的实践，具体内容如表 7-2 所示。

表7-2　我国建设城际高铁接受社会资本投资的实践

项目名称	杭绍台高速铁路
项目背景	2017年，浙江省政府与复星集团为主的民营联合体正式签署《杭绍台高铁PPP项目投资合同》，计划建设杭绍台高速铁路；（PPP的全称为public-private partnership，即政府与社会资本合作的模式） 该项目的建设资金来自复星牵头的民营联合体，中国国家铁路集团、浙江省政府、台州市政府、绍兴市政府的项目资本金（30%）以及国内银行贷款（70%），各方按投资资本占有一定比例的股份
项目概况	（1）线路位置：杭绍台铁路位于浙江省中东部，北起杭州枢纽杭州东站至绍兴北站，新建线路（226.369公里）从绍兴北站引出，经绍兴市越城、上虞等地和台州市天台、临海等县（市、区）； （2）线路时长：设计时速为350 km/h，全程长266.9km； （3）建设期限：项目的建设期为4年，计划运营期为30年
取得成效	杭绍台高速铁路于2021年8月15日正式进入竣工验收阶段，并于2022年1月10日正式运行，从杭州至台州最快运行时间为1小时3分钟，这是我国第一条民营控股的高速铁路
实践意义	（1）首创投融资"杭绍台模式"，推进铁路投融资体制改革； （2）是高铁EPC（engineering procurement construction，指工程项目向外承包）建设模式的成功探索，起到了积极的示范作用； （3）该项目是城际高铁建设的一次创新，聚集了专业人才，创新了建设模式与管理体系； （4）该线路的建设以打造"精品、智能、绿色"的新时代改革创新为目标，在质量安全管控、攻克复杂地形建设难点以及智慧铁路等方面树立了标杆
发展启示	该项目为之后的"非控股、非代建"的高铁项目提供了建设经验与示范，有助于长三角轨交一体化发展

074　城际轨道交通有哪几种类型

由上述内容可知城际高铁是满足于电力驱动列车行驶的线路建设，其列车由电力智能化系统操控，需要借助智能化供电以及电力通信等技术来实现更快速度与超短时长的运输效果。图7-19所示为城际高铁列车的通信架构图。

城际高铁是城际轨道交通的一种，除此之外，城际轨道交通根据不同的分类标准，还可以划分为不同的类型，具体如图7-20所示。

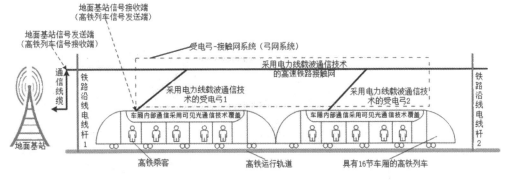

图 7-19　城际高铁列车的通信架构图

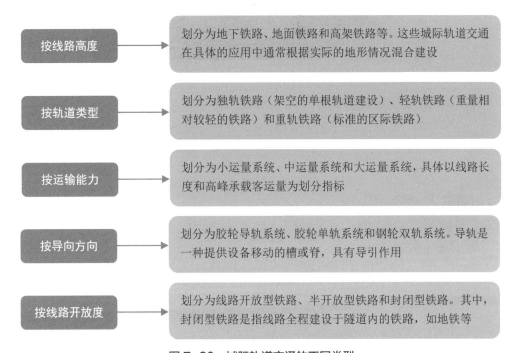

图 7-20　城际轨道交通的不同类型

不同类型的城轨线路的建设可以满足不同列车的行驶需求，具体的城际轨道列车有地铁、有轨电车、轻轨、独轨交通和自动导轨交通，不同的列车有不同的特点。如轻轨多行驶于轻型的单轨轮上，载客量有明确的限制等。本节将重点介绍这些不同类型的列车。

1. 地铁

地铁是一种以地下铁路交通为主的城际轨道列车，主要依靠电力牵引来行驶，具有速度快、运量大的特点，如图 7-21 所示。

图 7-21　地铁

地铁的构造和运行具有如图 7-22 所示的几个特点。

地铁构造和
运行的特点

是一种重轨交通系统，主要运行线路以地下为主

依靠电力驱动，信号系统可以自动控制信号

线路为全封闭式，建设成本较高且建设周期长

没有大气污染或土地污染，且节约用地成本

主要用于城市内部的旅客运输，是公共交通资源

图 7-22　地铁构造和运行的特点

我国的地铁车型有 A 型、B 型、C 型和 L 型 4 种，除 L 车型不区分长度和载客量之外，其他型号的地铁长度在 15～24 m 之间，载客量的范围为 210～310 人。地铁以接触网或第三轨供电，采用直流 750～1500 V 的高压电编组装备电机，供电原理如图 7-23 所示。

地铁在速度、客运量、安全性和绿色环保等方面具有优势，但面临地震、火灾或水灾等意外时，容易发生地面坍塌、雨水渗入或火灾烟雾中毒等事故，因此地铁的建设应在这些方面予以加强，选择最优的建设方案。

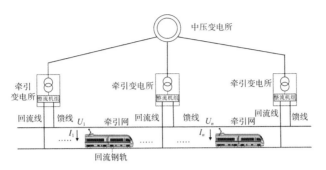

图 7-23　地铁的供电原理

智能化系统地铁操控是未来地铁建设的一大方向，可以实现地铁的自动化驾驶。例如天津市中车唐车轨道车辆有限公司研制了我国第一代智能 B 型地铁，可以实现地铁的自动化准时发车、自检、出库、运行，到回库、清洗与休眠等一系列操作，一旦出现故障，还会将数据及时反馈到控制中心，有极高的智能化和安全性。图7-24 所示为地铁的自动化运行系统。

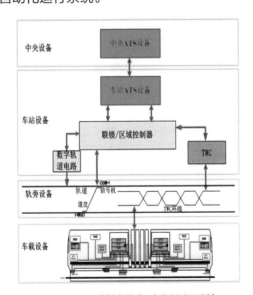

图 7-24　地铁的自动化运行系统

专家提醒

ATS 的全称为 automatic train supervision，指列车自动监控系统。TWC 的全称为 three way catalyst converter，指三元催化转化器，主要用来减少发动机废气排放。

2. 有轨电车

有轨电车简称电车，属于轻铁的一种，是指行驶于轻型轨道交通上的列车，主要以电力驱动，如图 7-25 所示。

图 7-25　有轨电车

有轨电车从不同的角度可以划分为不同的类型，如图 7-26 所示。

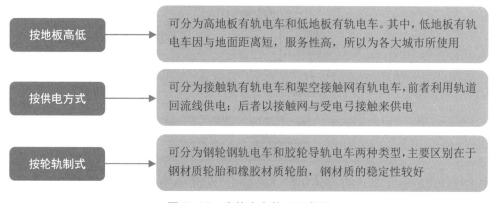

按地板高低	可分为高地板有轨电车和低地板有轨电车。其中，低地板有轨电车因与地面距离短，服务性高，所以为各大城市所使用
按供电方式	可分为接触轨有轨电车和架空接触网有轨电车，前者利用轨道回流线供电；后者以接触网与受电弓接触来供电
按轮轨制式	可分为钢轮钢轨电车和胶轮导轨电车两种类型，主要区别在于钢材质轮胎和橡胶材质轮胎，钢材质的稳定性较好

图 7-26　有轨电车的不同类型

有轨电车的雏形产生于 19 世纪 70 年代，到 20 世纪初在欧美国家已得到广泛使用，之后因其他交通工具的出现而被取代。直至现在，为缓解环境污染问题，传统有轨电车重新被改良使用，发展为现代有轨电车。与公交车相比，现代有轨电车具有如图 7-27 所示的优势。

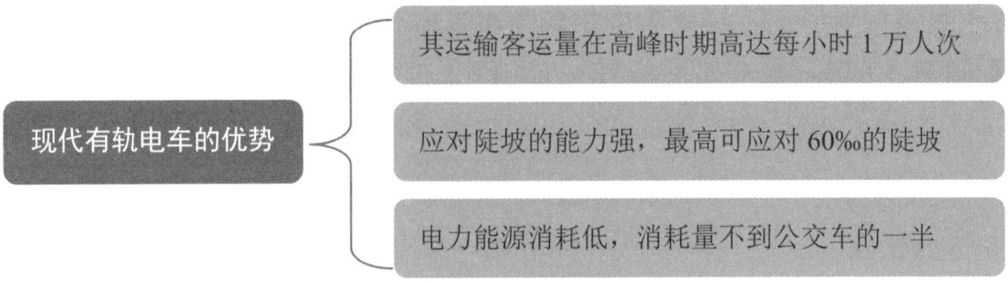

图 7-27　现代有轨电车的优势

现代有轨电车的优势

- 其运输客运量在高峰时期高达每小时 1 万人次
- 应对陡坡的能力强，最高可应对 60‰ 的陡坡
- 电力能源消耗低，消耗量不到公交车的一半

3. 轻轨

轻轨（light rail transit，LRT）是指在轻型轨道上，以电力牵引、轮轨导向行驶的车辆，它在有轨电车的基础上发展而来，如图 7-28 所示。

图 7-28　轻轨

我国第一条轻轨建于辽宁省抚顺市，名为"抚顺电铁"，其成功建设为我国后续的轻轨建设提供了技术、人才和运营等方面的参考。

建设轻轨一般在桥梁上铺设道砟，以架设接触网为其运行供电。由于桥梁式建设，轻轨具有占用耕地面积小、投资成本低、运输速度快等优势，不足之处在于承载轻、客运量小。

轻轨与地铁、有轨电车具有差异，主要体现在行驶轨道、运行速度和承载客运量 3 个方面，如图 7-29 所示。

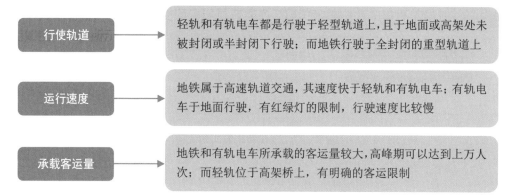

行使轨道	轻轨和有轨电车都是行驶于轻型轨道上,且于地面或高架处未被封闭或半封闭下行驶;而地铁行驶于全封闭的重型轨道上
运行速度	地铁属于高速轨道交通,其速度快于轻轨和有轨电车;有轨电车于地面行驶,有红绿灯的限制,行驶速度比较慢
承载客运量	地铁和有轨电车所承载的客运量较大,高峰期可以达到上万人次;而轻轨位于高架桥上,有明确的客运限制

图 7-29　轻轨、地铁和有轨电车的区别

4. 独轨交通

独轨交通是指在单一轨道上运行的列车。根据车辆在轨道的不同位置,独轨交通分为跨座式独轨交通和悬挂式独轨交通两种。其中,跨座式独轨交通位于轨道的上方,轨道结构由轨道梁、支柱(有 T 形、倒 L 形和门形 3 种类型)和道岔构成,有些城市建设的轻轨就属于跨座式独轨交通,如图 7-30 所示。

图 7-30　跨座式独轨交通

悬挂式独轨交通的车轮位于轨道的下方,车辆悬挂在轨道上,其优势在于所占的地面面积和垂直空间面积较小,适用于建筑物狭窄的街道,且可以作为城市的观光游览线,如图 7-31 所示。

5. 自动导轨交通

自动导轨交通是以计算机系统操控的、自动化驾驶的一类城际轨道交通,主要依托于导轨技术与自动控制技术，无人驾驶是其表现之一。比较主流的自动导轨交通系统有穿梭／环路式轨道交通系统（SLT）、集体轨道交通系统（GRT）和个人轨道交通系统（PRT），具体说明如下。

图 7-31 悬挂式独轨交通

（1）SLT 的全称为 shuttle/loop transit，指穿梭／环路式轨道交通系统，运行时按照固定好的线路，以水平路径或环状路径行驶。

（2）GRT 的全称为 group rapid transit，指集体轨道交通系统，主要使用中型车厢，用于运输出发点和目的地相同的旅客，最多可容纳 70 人。

（3）个人轨道交通系统(personal rapid transit, PRT)，运行于复杂的线路中，需要计算出道岔路口进出干线，再通过计算机控制车辆以完成运输任务。

075 城际轨道交通建设的特征是什么

城际轨道交通建设属于城市的基础设施建设，同时也作为新基建的重要领域之一，具有以下 3 个明显的特征。

（1）城际轨道交通具有明显的公共性，主要体现为政府主导建设的项目，如地铁，主要由政府出资建设，部分属于民营建设，但都是以方便城市内部公众出行为目的而建设的。

（2）城际轨道交通的建设可以带来正向的经济效益，具体表现为其建设使沿线土地升值，促进服务业或商业项目的兴起。

（3）城际轨道交通具有规模化特征，以构建完善的城市交通体系为目的，其建设覆盖面积越广，越有助于形成网络状的交通运输系统，从而扩大交通运输率。

具体而言，城际轨道交通建设具有交通、经济和社会 3 个方面的特性，详细说明如图 7-32 所示。

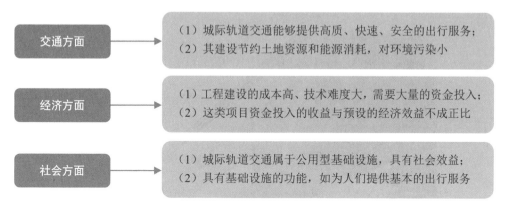

| 交通方面 | （1）城际轨道交通能够提供高质、快速、安全的出行服务；
（2）其建设节约土地资源和能源消耗，对环境污染小 |

图 7-32　城际轨道交通建设的特性

076　我国建设城际轨道交通的状况如何

以社会经济的可持续发展为目的，我国开启了基础设施建设的进程，交通作为基础设施之一，在其建设过程中，国家予以了高度的重视，包括城际轨道交通在内的交通建设，从线路规划、设计、施工、完工到运营等阶段，国家都予以大量的资金投入与技术支持。城际轨道交通的建设经历了如图 7-33 所示的发展历程。

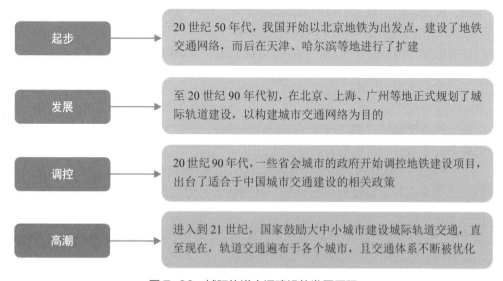

图 7-33　城际轨道交通建设的发展历程

现今，随着城市化进程的加快、城市群的发展壮大以及经济快速的发展，城际轨道交通逐渐成为众多城市的交通建设选择，且形成了地铁、有轨电车、高架轻轨等多元化项目建设的发展趋势，其发展趋势具有的特征如图7-34所示。

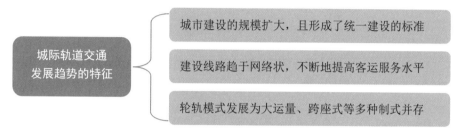

图7-34 城际轨道交通发展趋势的特征

未来，我国的城际轨道交通建设的规模将进一步扩大，且将形成以TOD模式为主的城市与交通发展新格局。TOD模式（transit-oriented development，以公共交通为导向的开发），是指借助公共交通的发展来优化城市的土地资源与产业布局，形成高质量、高协调性的城市布局形态和产业结构，如图7-35所示。

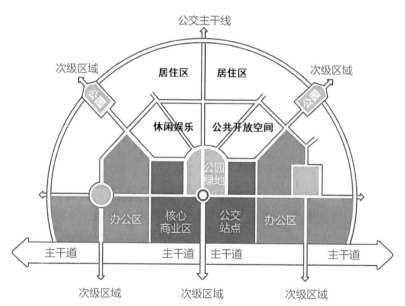

图7-35 TOD模式

专家提醒

　　TOD 模式的设计原则有 3 个：一是开发线路以组织紧凑为主，优先支持公交车辆行驶；二是在不同的车道间建设步行区，用作连接城市的各大商业区、居民区等功能区域；三是以保护生态环境和河岸区域为主，留出一定的公共空间。

　　在这一模式下，交通资源的供给将形成带动城市需求发展的牵引力，并产生如图 7-36 所示的社会经济效益。

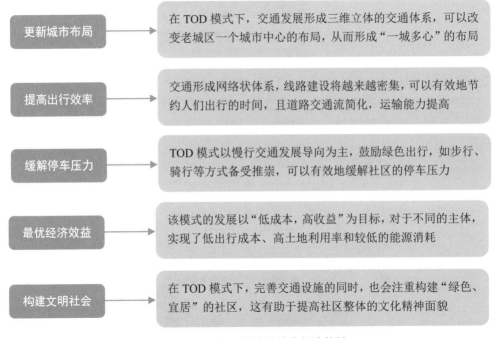

更新城市布局	在 TOD 模式下，交通发展形成三维立体的交通体系，可以改变老城区一个城市中心的布局，从而形成"一城多心"的布局
提高出行效率	交通形成网络状体系，线路建设将越来越密集，可以有效地节约人们出行的时间，且道路交通流简化，运输能力提高
缓解停车压力	TOD 模式以慢行交通发展导向为主，鼓励绿色出行，如步行、骑行等方式备受推崇，可以有效地缓解社区的停车压力
最优经济效益	该模式的发展以"低成本，高收益"为目标，对于不同的主体，实现了低出行成本、高土地利用率和较低的能源消耗
构建文明社会	在 TOD 模式下，完善交通设施的同时，也会注重构建"绿色、宜居"的社区，这有助于提高社区整体的文化精神面貌

图 7-36　TOD 模式的社会经济效益

　　为促使 TOD 模式发挥出最大的效益，国家应根据城市的不同形态来采取不同的交通结构优化与引导策略，详细说明如下。

　　（1）对于城市群的构筑来说，交通体系的建设可以推动城市群的发展，因此需要加强不同城市群的交通规划。具体而言，可以采取如图 7-37 所示的几种引导策略。

　　（2）对于北京、南京等地的大城市而言，城市交通结构处于优化升级阶段，需要采取的引导策略如图 7-38 所示。

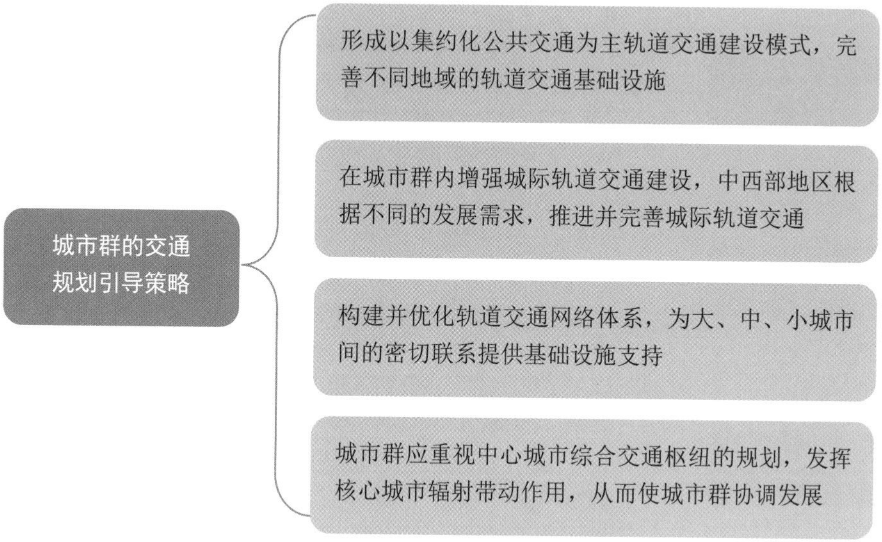

形成以集约化公共交通为主轨道交通建设模式，完善不同地域的轨道交通基础设施

在城市群内增强城际轨道交通建设，中西部地区根据不同的发展需求，推进并完善城际轨道交通

城市群的交通规划引导策略

构建并优化轨道交通网络体系，为大、中、小城市间的密切联系提供基础设施支持

城市群应重视中心城市综合交通枢纽的规划，发挥核心城市辐射带动作用，从而使城市群协调发展

图 7-37 城市群的交通规划引导策略

以公共交通为核心导向，疏通老城区中心人口，发展新城区，助力优化城市空间结构

提高轨道交通和其他公共交通的服务水平，以更好地规划城市的居住区、商业区等功能分区

大城市的交通规划引导策略

在土地资源的使用中，优先考虑公共交通用地，设置公交专用道，并覆盖城市的主要干线

优化不同类型的城际轨道交通，提供多层次的服务选择，地铁、轻轨、公共汽车等多种交通工具并行

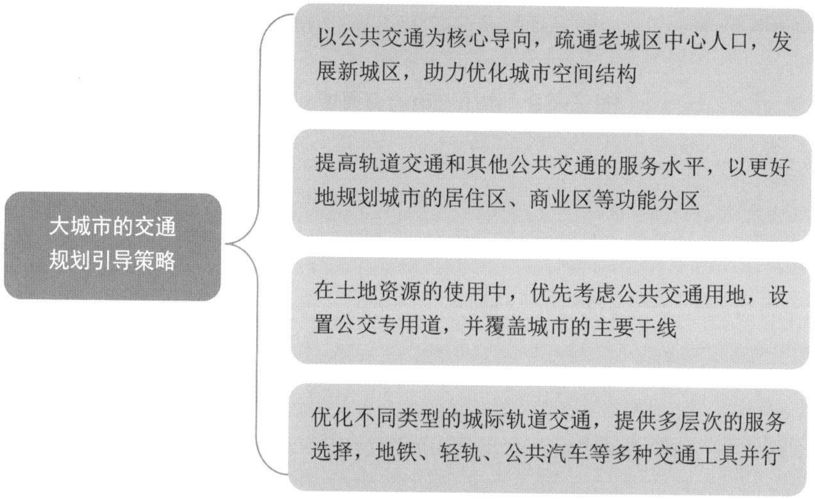

图 7-38 大城市的交通规划引导策略

（3）对于中小城市而言，其存在交通建设占地广、城市布局分散等问题，因此在交通建设中应从节约资源、优化环境和城乡统筹角度出发，采取如图 7-39 所示的几种策略。

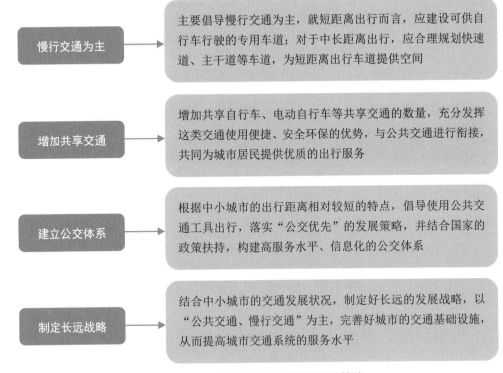

慢行交通为主 ➡ 主要倡导慢行交通为主，就短距离出行而言，应建设可供自行车行驶的专用车道；对于中长距离出行，应合理规划快速道、主干道等车道，为短距离出行车道提供空间

增加共享交通 ➡ 增加共享自行车、电动自行车等共享交通的数量，充分发挥这类交通使用便捷、安全环保的优势，与公共交通进行衔接，共同为城市居民提供优质的出行服务

建立公交体系 ➡ 根据中小城市的出行距离相对较短的特点，倡导使用公共交通工具出行，落实"公交优先"的发展策略，并结合国家的政策扶持，构建高服务水平、信息化的公交体系

制定长远战略 ➡ 结合中小城市的交通发展状况，制定好长远的发展战略，以"公共交通、慢行交通"为主，完善好城市的交通基础设施，从而提高城市交通系统的服务水平

图 7-39　中小城市的交通规划引导策略

第 8 章

数据中心：云数据网络架构

学前提示

　　数据中心就是全球协作的特定设备网络，用于在互联网基础设施上传递、加速、展示、计算和存储信息。数据中心是信息化时代的重要标志，现如今已广泛应用于全球各地。我们在生活中使用手机、电脑等产品时，获取或接收到的信息都是数据中心所产生的。

077 数据中心指什么

随着互联网技术的不断进步，越来越多的信息可以通过互联网平台实现共享，全球迎来了大数据时代。所谓大数据，就是指海量数据与复杂类型数据的集合，主要构成如图 8-1 所示。

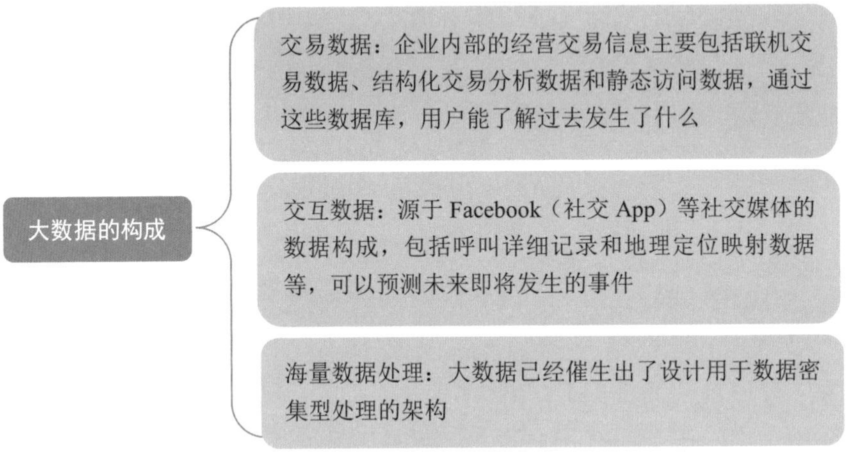

大数据的构成

交易数据：企业内部的经营交易信息主要包括联机交易数据、结构化交易分析数据和静态访问数据，通过这些数据库，用户能了解过去发生了什么

交互数据：源于 Facebook（社交 App）等社交媒体的数据构成，包括呼叫详细记录和地理定位映射数据等，可以预测未来即将发生的事件

海量数据处理：大数据已经催生出了设计用于数据密集型处理的架构

图 8-1　大数据的构成

其中，实现海量数据的处理，主要依托于大数据的技术架构，具体可以从 4 个层面进行分析，如图 8-2 所示。

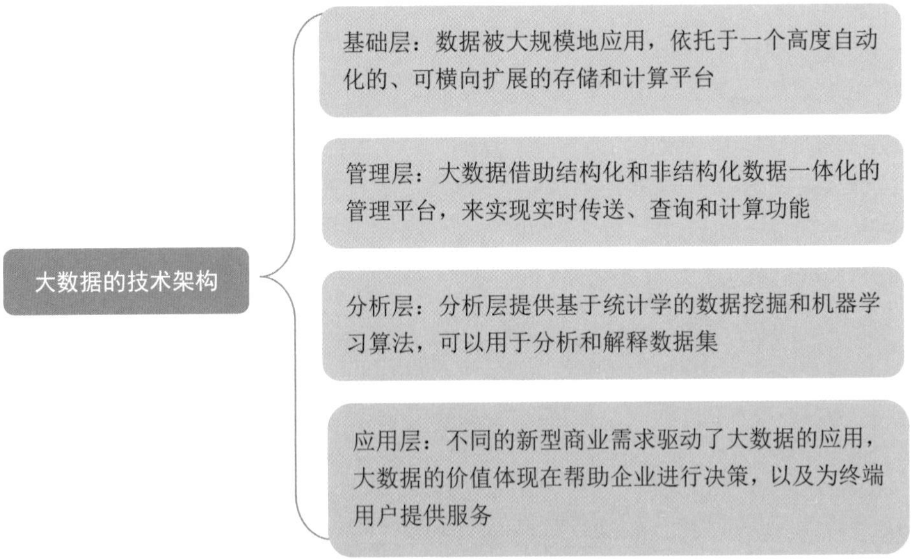

大数据的技术架构

基础层：数据被大规模地应用，依托于一个高度自动化的、可横向扩展的存储和计算平台

管理层：大数据借助结构化和非结构化数据一体化的管理平台，来实现实时传送、查询和计算功能

分析层：分析层提供基于统计学的数据挖掘和机器学习算法，可以用于分析和解释数据集

应用层：不同的新型商业需求驱动了大数据的应用，大数据的价值体现在帮助企业进行决策，以及为终端用户提供服务

图 8-2　大数据的技术架构

而实现大数据技术架构的落地，需要基础设施的支持，数据中心（Data Center，DC）应运而生。数据中心是一种信息化基础设施，主要通过计算机、网络和服务器等设备来进行数据的处理与分析，它在物理空间中被称为机房。图 8-3 所示为乐成企业的数据中心。

图 8-3　乐成企业的数据中心

数据中心由基础环境、硬件设备、软件设备和应用平台 4 部分构成，具体说明如图 8-4 所示。

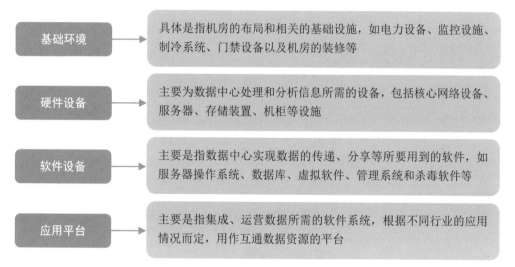

基础环境	具体是指机房的布局和相关的基础设施，如电力设备、监控设施、制冷系统、门禁设备以及机房的装修等
硬件设备	主要为数据中心处理和分析信息所需的设备，包括核心网络设备、服务器、存储装置、机柜等设施
软件设备	主要是指数据中心实现数据的传递、分享等所要用到的软件，如服务器操作系统、数据库、虚拟软件、管理系统和杀毒软件等
应用平台	主要是指集成、运营数据所需的软件系统，根据不同行业的应用情况而定，用作互通数据资源的平台

图 8-4　数据中心的构成

078　数据中心的类型有哪些

数据中心可以从服务对象和建设规模两个方面划分出不同的类型。按照服务对象，数据中心可以划分为互联网数据中心和企业数据中心两种类型；按照建设规模，数据中心可以划分为超大型、大型和中小型数字中心，详细介绍如图 8-5 所示。

除此之外，根据数据中心用途的不同，还可以将其划分为屏蔽机房、计算机机房、控制机房和电信机房 4 种类型，具体说明如图 8-6 所示。

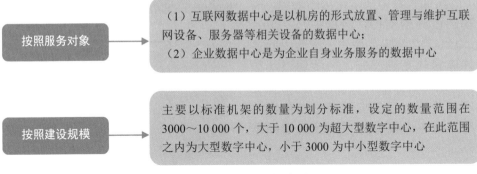

按照服务对象 → （1）互联网数据中心是以机房的形式放置、管理与维护互联网设备、服务器等相关设备的数据中心；
（2）企业数据中心是为企业自身业务服务的数据中心

按照建设规模 → 主要以标准机架的数量为划分标准，设定的数量范围在3000~10 000 个，大于 10 000 为超大型数字中心，在此范围之内为大型数字中心，小于 3000 为中小型数字中心

图 8-5　数据中心的类型

专家提醒

　　互联网数据中心的主要作用是利用机房的设施提供各种网络设备的放置、管理与维护。除此之外，还会提供数据库设备的出租、通信带宽的代理出租以及其他应用服务。不同规模的数据中心，主要是根据不同的市场需求而建设，且综合考虑地理环境、能源补给等因素，如中小型数据中心建设于距离用户所在地近且电力能源补给方便的区域。

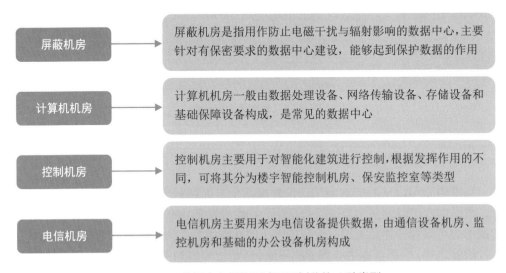

屏蔽机房 → 屏蔽机房是指用作防止电磁干扰与辐射影响的数据中心,主要针对有保密要求的数据中心建设，能够起到保护数据的作用

计算机机房 → 计算机机房一般由数据处理设备、网络传输设备、存储设备和基础保障设备构成，是常见的数据中心

控制机房 → 控制机房主要用于对智能化建筑进行控制,根据发挥作用的不同，可将其分为楼宇智能控制机房、保安监控室等类型

电信机房 → 电信机房主要用来为电信设备提供数据，由通信设备机房、监控机房和基础的办公设备机房构成

图 8-6　数据中心根据用途不同划分的 4 种类型

079 数据中心的主要特征是什么

随着冷却技术、虚拟化应用、智能管理系统等技术的研发不断深入，企业的业务模式正在不断变革，数据中心也得到了进一步的更新与升级，主要表现为以下几个特征。

（1）基础设施更具标准化，主要体现在数据中心采用标准的模块化系统来提高数据中心的高适应性和可拓展性。模块化数据中心具有如图 8-7 所示的优势。图 8-8 所示为某平台的 Custom Module 智能模块化数据中心。

```
                    ┌─────────────────────────────────────────┐
                    │ 整体系统更具稳定性，且标准化水平更高          │
                    └─────────────────────────────────────────┘
                    ┌─────────────────────────────────────────┐
                    │ 微模块可以批量生产，缩短了数据中心建设的周期    │
                    └─────────────────────────────────────────┘
 ┌──────────────┐   ┌─────────────────────────────────────────┐
 │ 模块化数据中心 │    │ 按照不同的需求，可以实现分期部署，灵活性强     │
 │   的优势      │   └─────────────────────────────────────────┘
 └──────────────┘   ┌─────────────────────────────────────────┐
                    │ 实现按需供电与制冷，有助于节约资源和环保       │
                    └─────────────────────────────────────────┘
                    ┌─────────────────────────────────────────┐
                    │ 可视化管理与监测，有助于数据中心提高运营水平    │
                    └─────────────────────────────────────────┘
                    ┌─────────────────────────────────────────┐
                    │ 采用集装箱式设计，移动方便，提高了可利用性     │
                    └─────────────────────────────────────────┘
```

图 8-7 模块化数据中心的优势

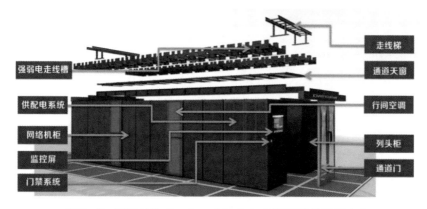

图 8-8 某平台的 Custom Module 智能模块化数据中心

（2）高效利用虚拟化技术，即借助虚拟化技术来打造一个虚拟共享资源池，提供网络、服务器、存储和应用虚拟化等方案，以提高数字中心的服务水平。例如，深信服企业推出的网络虚拟化 aNET 产品具有提升数据中心的敏捷性、安全性及扩展性的作用。图 8-9 所示为网络虚拟化 aNET 的产品架构。

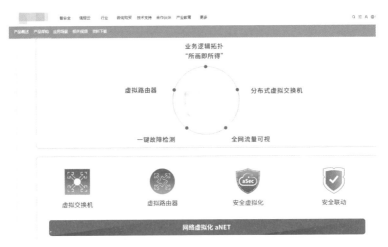

图 8-9　网络虚拟化 aNET 的产品架构

（3）数据中心可以实现自动化运营，如自动进行系统的性能与存在问题分析、自动化管理服务器等基础设施等。在具体的应用中，数据中心的自动化常与虚拟化技术结合使用，服务商可以通过互联网与浏览器实现数据中心的可视化远程管理。图 8-10 所示为三维可视化机房数据中心智能监控管理系统，它可以通过三维虚拟可视化平台，对 IT（Information Technology，信息技术）基础设施、机房环境、配线情况等进行可视化管理。

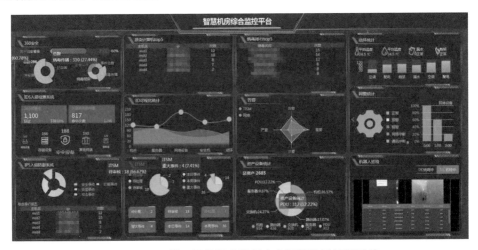

图 8-10　三维可视化机房数据中心智能监控管理系统

（4）快速扩展能力增强，主要表现为数据中心服务商可以将网络、服务器等资源集成一个虚拟共享资源池，然后将资源共享给用户，如图 8-11 所示。这一过程的实现依靠数据中心的应用系统发挥作用，该系统可以根据不同的业务需求动态地分配、订购和供应虚拟资源给用户，从而增强数据中心的快速扩展能力。

（5）节约能源和节省空间。数据中心的发展目标是构建绿色的、可持续的计算环境，而通过更新节能电源组件、智能化控制热能、液体冷却机柜等技术，则可以实现数据中心的散热、供电和计算空间集成与管理。例如，华胜天成绿色数据中心项目的建设，基于 IaaS 云计算平台，采用计算流体力学的工具来计算数据中心的气流组织、温度、气压分布等，通过模拟实际投产后的制冷效果来预测、发现并解决问题，从而实现高效率、高弹性、低能耗和低成本的数据中心建设。图 8-12 所示为基于 IaaS 云计算平台的数据中心的构成。

图 8-11　虚拟共享资源池的构成

图 8-12　基于 IaaS 云计算平台的数据中心的构成

（6）IT 资源的利用率高。IT 资源是互联网的重要因素，是用户使用互联网的必需品，包括云服务、移动设备、安全保障和身份管理等。图 8-13 所示为 ServiceDesk Plus（ManageEngine 旗下的一款综合性 IT 帮助台软件）中的 IT 资产管理系统。数据中心通过虚拟技术可以整合系统内部的 IT 资源，从而共享给用户以提高 IT 资源的利用率。

图8-13 IT资产管理系统

专家提醒

ServiceDesk Plus 的中文含义是基于 ITIL 设计的服务台系统；Access Point 的中文含义是接入点；Printer 指打印机；Router 指路由器；Switch 指转换器；Workstation 表示计算机的工作站；Unknown 的中文含义是未知的，此处表示操作系统和工作站的型号不明确；In Store 表示准备中；CMDB 的全称为 configuration management database，指配置管理数据库。

（7）强力稳定的服务。数据中心可以通过对系统进行冗余设计或容错设计，来确保企业或用户的数据安全。具体来说，数据中心系统的冗余设计可以采取以下 4 种方式。

● 隔离冗余：这种方式主要是在供电系统中配置一个负载供电的主 UPS（uninterruptible power supply，不间断电源）模块，"隔离"或"二级"UPS 给主 UPS 模块的静态旁路供电。若发生故障，主模块负载会转移到静态旁路，隔离模块将立即接受主模块的全部负载，从而实现数据的额外保护。

● 并行冗余：这种方式的原理为供电系统中的一个公共输出总线上并联多个相同的 UPS 模块。当发生故障时，某个 UPS 模块会从并联母线上移除，其负载将立即被其他 UPS 模块接收。图 8-14 所示为多台 UPS 冗余并联的原理图。

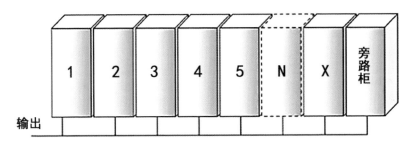

图 8-14　多台 UPS 冗余并联的原理图

专家提醒

　　旁路柜主要用于 UPS 电源供电系统检修或发生故障时，可以随时并持续供电。

● 分布式冗余：供电系统中采用 3 个以上的 UPS 模块，形成独立的输入输出馈线，各个独立的输出母线通过多个 PDU（power distribution unit，电源分配单元）连接到临界负载，以最大限度地减少故障损失。

● 双系统冗余：指创建独立 UPS 系统，来消除所有可能出现的单点故障。这种冗余设计允许两个单独的电源路径没有单点故障，容错率很高。

（8）整体性的高业务服务水平。数据中心采用 SOA 架构来提供服务，使数据中心服务商可以建立基础设施，以便及时满足用户的需求。图 8-15 所示为企业的 SOA 架构应用。

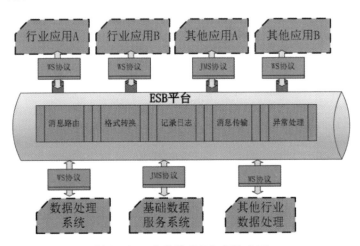

图 8-15　企业的 SOA 架构应用

专家提醒

　　SOA 的全称是 service-oriented architecture，指面向服务架构。它是一种组件模型，将应用程序的服务功能进行单元化拆分，并通过定义协议和接口将这些服务连接起来。ESB 是 enterprise service bus 的英文缩写，指企业服务总线，是对 SOA 的实际应用。JMS 是 java message service 的英文缩写，指 Java 消息服务应用程序接口。WS 协议指 WebSocket 协议，这是一种服务器推送技术，主要用来实现用户与浏览器之间的互推消息。

　　综上所述，数据中心随着技术的更新而不断地发展，呈现出更具标准化、高效利用虚拟技术、实现自动化运营、快速扩展能力增强、节约能源和节省空间、IT 资源的利用率高、强力稳定的服务和整体性的高业务服务水平 8 个主要特征。

080　数据中心的建设路径是什么

　　数据中心的建设是人工智能、虚拟技术、5G、云计算等数字化应用的重要基础设施，担当着数字化技术落地的重要助力。而实现数据中心的建设，具体需要重视如图 8-16 所示的几个模块。

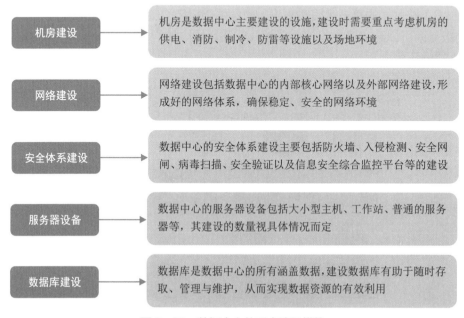

图 8-16　数据中心的重点建设模块

　　在大数据时代背景下，数据中心在企业竞争中发挥着重要的作用，企业掌握越多有价值的数据越有助于提升其核心竞争力，因此企业应重视数据中心的建设与发展。具体来说，数据中心的建设可以参考以下几种发展方向。

　　（1）增强业务敏锐度。未来的数据中心建设将以数据融合资源池为主，根据业务的需要自动实时同步并传送数据，因此企业可以优化这方面的技术。图 8-17 所示为实时数据服务平台。

图 8-17　实时数据服务平台

　　（2）数据全生命周期处理。未来的数据中心将充分发挥各个组件、数据库的作用，提供数据采集、存储、计算、传送、应用等多个环节的数据全生命周期处理服务，如根据业务的需要通过定制化的 Hadoop（分布式系统基础架构）大数据组件，将数据从来源端传送至目的端。图 8-18 所示为 DISTR™ 分布式可视化系统，将纯分布式架构组网，只需常规网络交换机即可快速组网，无需配备服务器，每个节点都可以独立地处理和传输数据。

图 8-18　DISTR™ 分布式可视化系统

（3）数据的融合发展与智能化分析。未来的大数据将更繁杂，因此数据中心应加强对不同系统、类型、区域的数据的智能化分析能力，以便及时满足用户的需求，从而为企业创造更多的价值。如建设数据集成平台来实现数据的融合发展，图 8-19 所示为阿里云的数据集成平台。

图 8-19　阿里云的数据集成平台

（4）应用现网。指数据平台通过 SQL（structured query language，结构化查询语言）搜索、分布式大数据网关（数据交换所要经历的关卡）来进行业务系统的数据处理与分析。图 8-20 所示为分布式大数据网关的应用。

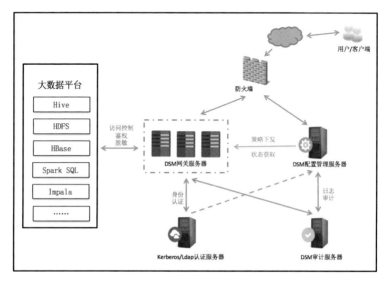

图 8-20　分布式大数据网关的应用

081 数据中心的产业链构成是什么

数据中心的建设有一套完整的产业链，包括从基础设备的供应到建设完成后的投入使用这一系列的流程，形成了完整的产业链。其中，数据中心的产业链上游为基础设施和设备的供应方，中游为运营服务商、解决方案服务商和第三方，下游则为终端用户，具体介绍如下。

（1）产业链的上游：主要为基础设施和设备的供应，具体包括 3 个方面，如图 8-21 所示。

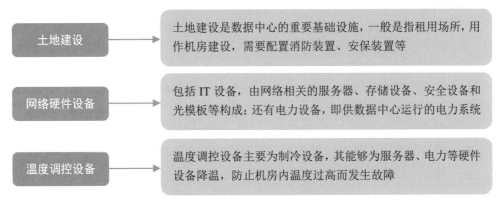

图 8-21 数据中心产业链上游的主体

（2）产业链的中游：由运营服务商、解决方案服务商和第三方构成，详细说明如图 8-22 所示。

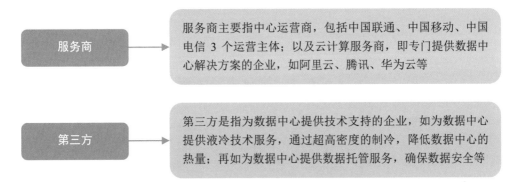

图 8-22 数字中心产业链中游的主体

（3）产业链的下游：为数据中心的终端用户，涵盖全球各行各业的数字化应用，如在线教育、远程医疗等。下面以 AnyChat 平台提供远程医疗服务为例，详细说明数据中心的应用。图 8-23 所示为 AnyChat 平台的远程协助功能。

远程协助

AnyChat内置远程协助功能，可轻松穿透内网和防火墙，实现远程计算机的协助控制

应用场景：

远程教育、远程医疗、远程银行等

图 8-23　AnyChat 的远程协助功能

● AnyChat 平台能够提供 1080P 高清视频，可以用于中医做舌像研究，采用动态缓冲技术，根据不同的网络状况实时调节缓冲区的大小，保持医生会诊的实时性和流畅性。

● 提供一站式音视频生态系统解决方案，采用开放的第三方接口，无缝连接医疗信息系统设备，提供完整的医疗平台融合方案。

● AnyChat 平台具备缓冲区及文件传输功能，可以实时共享病人的病历和诊断照片，进行统一调度和管理，从而为医生的临床研究提供帮助。

● 视频与音频的结合，具备良好的网络适应性，可以同时满足不同服务器的使用，且音频抗丢包率可达 21%。

 专家提醒

　　数据中心解决方案是指利用优化技术层面来实现数据中心的更新与升级。如华为云提供的数据中心解决方案是借助新以太算力来构建超融合数据中心网络，从而实现"超宽、无损、智能、绿色"的数据中心应用，如图 8-24 所示。

IT三大变革，驱动数据中心网络全以太化演进

超融合数据中心网络，无损以太释放无穷算力

超宽	无损	智能	绿色
			10+专利散热工艺，单位算力功耗降低47%

图 8-24　华为云提供的数据中心解决方案

随着各行各业不断地进行数字化转型，数据中心的需求也在不断地增加，为互联网企业带来了新的投资机遇，其具体表现为行业需求和技术应用两个方面，详细说明如图8-25所示。

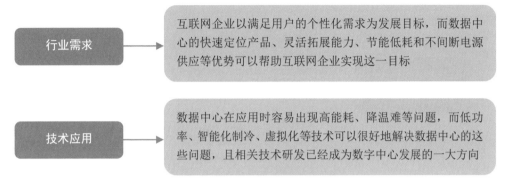

图8-25　数字中心产业的投资机遇

082　数据中心的三大驱动力是什么

数据中心是我国新基建的应用领域之一，主要为5G、人工智能、大数据等数字化业务提供网络架构。为了能够更好地服务于这些业务，于是便要求数据中心形成确定性的无损数据中心、智慧化处理能力与开放化的网络架构，这也是当下数据中心发展的三大驱动力，详细说明如下。

1.　无损数据中心

无损数据中心产生于数字化应用与智能化设备普及的背景下，是实现快速、高效转化数据为实时信息的应用网络，也是驱动数据中心发展、更新的动力之一。无损数据中心的实现具有3个作用，如图8-26所示。

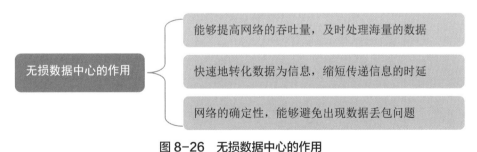

图8-26　无损数据中心的作用

2.　智慧化处理能力

智慧化处理能力是数据中心在应对海量的设备、多样化的数据时所要具备的能力。基于 AI 与网络遥测技术的智能运维模式则是这一能力的体现，也是企业可以借鉴的数据中心建设与优化的模式。该模式的主要功能如图 8-27 所示。

智能运维模式
的功能

对开发与留存的大数据进行快速处理与分析

制定监控指标，按照指标来管理与运营数据中心

智能检测异常网络情况，且提供了多种检测手段

对潜在的网络安全问题进行排查，并分析原因

自动化遥测，当发生故障时能够进行自愈

图 8-27　智能运维模式的功能

下面以某大型股份制银行智能运维数据中心的应用为例，详细说明智能运维模式发挥的作用（见表 8-1）。

表 8-1　某大型股份制银行智能运维数据中心的应用案例

网络需求	服务器节点高达 5000 个，有 400 套业务服务，目前采用 20 多个运维工具，且每天增加 7.5 TB（存储单位）的数据存储
网络现状	(1) 已购 Splunk（数据中心产品）日志数据处理流量只能满足不到 1/30 的处理需求； (2) 原日志工具基本为事后统计分析，缺乏实时分析能力； (3) 主要依赖人工经验通过报表来分析数据，缺乏智能化手段运用
建设方案	(1) 建立 400 个系统画像，涵盖系统的健康度、性能、交易特性等多个维度； (2) 通过 AI 技术合并性能指标的智能基线和异常波动检测、趋势预测、智能告警等，进行实时监测； (3) 实时采集应用日志，对现存数据和历史数据进行分析，同时生成运维人员画像，通过算法实现风险的预测和监控
取得成效	(1) 获得海量数据的实时采集和快速查询来源端到目的端的处理能力； (2) 全面替换固定监控阈值，增加告警的准确性，且运维人员对核心关键指标的感知度得到提升； (3) 各类运维信息得到了关联，故障处理能力全面提升

3. 开放化的网络架构

开放化的网络架构能够实现数据中心的软硬件解耦（即软硬件间相互作用），

从而构建出一整套的集中网络操作体系。而这一网络架构需要白盒交换机（一种网络交换设备，见图 8-28）的支持。近年来，众多互联网企业相继开始进行白盒交换机的研发，以促进数据中心的发展。

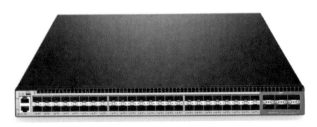

图 8-28　白盒交换机

083　云数据中心指什么

云数据中心产生于云计算并成为公众资源被广泛地应用，是云计算与数据中心相结合的基础设施。图 8-29 所示为合肥城市云数据中心，其主要提供"云计算 + 服务"的混合云服务。

图 8-29　合肥城市云数据中心

云计算是一种互联网计算方式，其主要利用虚拟化技术、数据存储技术、平台管理技术、数据管理技术和编程模型等先进技术来实现数据的处理与分析。

云计算的本质是一种虚拟化的资源，它的存在意味着计算机处理数据的能力也可作为一种商品进行流通。和普通商品不同的是，它是通过互联网进行传输的，这种模式赋予了云计算新的特征，如图 8-30 所示。

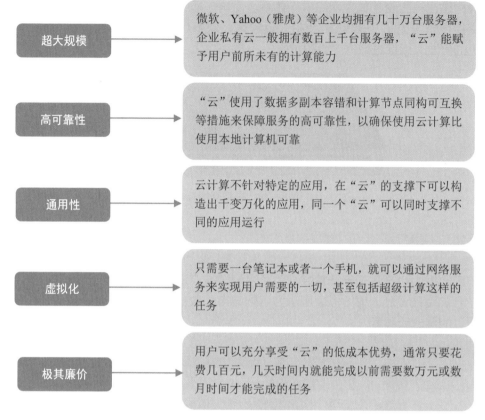

图 8-30 云计算的特征

随着物联网技术的不断深入，云计算与物联网的联系愈加紧密，这就使得传统的数据中心逐渐演变成为了云数据中心。具体而言，云数据中心有 4 种发展类型，如图 8-31 所示。

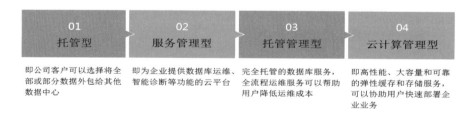

图 8-31 云数据中心的发展类型

084　云数据中心建构步骤有哪些

云数据中心具有虚拟化、自动化和绿色节能 3 个特征，这些特征与它的构建步骤息息相关。云数据中心有虚拟化、资源池化和自动化 3 个步骤，本节将详细介绍这些步骤。

1. 虚拟化

云数据中心以虚拟化技术的应用为架构前提和基础。虚拟化技术是指将物理世界以虚拟的方式呈现出来的技术，云数据中心需要借助虚拟化技术来实现 IT 资源的虚拟化，如图 8-32 所示。

图 8-32　云数据中心的虚拟化 IT 资源

具体而言，云数据中心需要对 IT 资源进行虚拟化，包括服务器虚拟化、存储虚拟化和网络虚拟化，如图 8-33 所示。

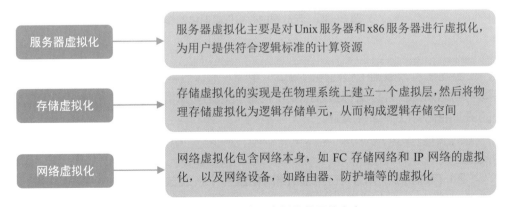

服务器虚拟化　→　服务器虚拟化主要是对 Unix 服务器和 x86 服务器进行虚拟化，为用户提供符合逻辑标准的计算资源

存储虚拟化　→　存储虚拟化的实现是在物理系统上建立一个虚拟层，然后将物理存储虚拟化为逻辑存储单元，从而构成逻辑存储空间

网络虚拟化　→　网络虚拟化包含网络本身，如 FC 存储网络和 IP 网络的虚拟化，以及网络设备，如路由器、防护墙等的虚拟化

图 8-33　云数据中心虚拟化的具体内容

目前，市场上已开发出了 x86 服务器虚拟化产品，如微软的 Hyper-V 虚拟化产品、开源 KVM 虚拟机等。我国不少服务器厂商也推出了虚拟化平台，如安超软件的 ArcherOS Stack 虚拟化平台，其架构如图 8-34 所示。

图 8-34 安超软件公司的 ArcherOS Stack 虚拟化平台架构

云数据中心实现 IT 资源的虚拟化的作用如图 8-35 所示。

云数据中心实现虚拟化的作用

- 对数据进行非同组应用的逻辑隔离，确保数据安全
- 对资源进行统一调度与共享，提高资源的利用率
- 优化网络的整体环境，使网络管理更为便捷

图 8-35 云数据中心实现虚拟化的作用

2. 资源池化

资源池化是云数据中心建构的第二个步骤，具体过程是将虚拟化的 IT 资源进行不同功能的划分，并标上标签分配到不同的资源组，从而实现资源池化。云数据中心的资源池化有以下 3 种类型。

（1）服务器资源池化。云数据中心服务商以硬件的特性来划分不同服务等级的资源池。

（2）存储资源池化。在存储资源池化过程中，云数据中心服务商重点分析存储容量、HBA 卡（Host Bus Adapter，主机总线适配器，如图 8-36 所示）所需

端口数量和 IP 网卡所需端口数量等与业务规模的适配度。

图 8-36　HBA 卡

（3）网络资源池化。在存储资源池化过程中，云数据中心服务商重点分析进出口链路带宽、HBA 卡与端口数量、安全设备端口数量与带宽等与自身业务规模的适配度。

3. 自动化

自动化是指将云数据中心的 IT 资源按照预设程序进行自动处理，具体指对经过虚拟化和资源池化的 IT 资源进行自动化管理。云数据中心常用的自动化管理工具是基于 SOA 的流程管理工具，应用于金融、物流等不同的行业。例如物流行业通过云数据中心自动化管理平台实现对货物供应的数据统计，如图 8-37 所示。

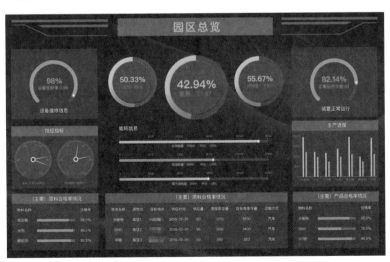

图 8-37　云数据中心自动化管理平台在物流行业中的应用

085 云数据中心如何运营与管理

云数据中心服务商以打造数据中心云管理平台和运用信息技术基础架构库（information technology infrastructure library，ITIL）管理，来实现动态化的云数据中心运维管理，详细介绍如下。

1. 云管理平台

云管理平台是服务商为提供不同的个性化服务而开发的云数据中心系统，以开源云管理平台为主流。通过开源云管理平台可以实现以下功能。

（1）开源网络流量检测图形分析工具可以监测云数据中心的状态，并实时展示给用户。

（2）利用开源 Nagios（免费网络监视工具），可以架构出云管理平台、规划容量与监测故障等。图 8-38 所示为某平台使用开源 Nagios 工具监测用户情况的页面。

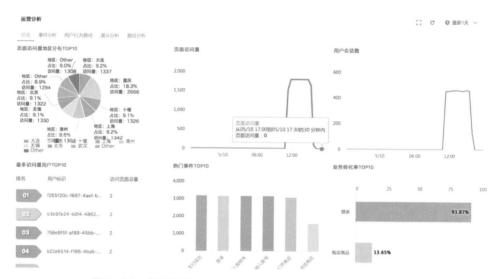

图 8-38　某平台使用开源 Nagios 工具监测用户情况的页面

（3）借助开源 UNIX（网络操作系统）的管理工具 CFEngine（配置引擎），可以将复杂的管理任务简单化，从而提高自动化管理的效率。图 8-39 所示为 CFEngine 的工作原理。

云管理平台的运用可以使云数据中心实现逻辑资源的动态共享，且云数据中心服务商可以从应用系统中获得共享情况来调整 IT 资源供应，从而提高资源的利用率。同时，云管理平台还拥有 IT 资产配置数据库，能够实现如图 8-40 所示的功能。

下面以网易互娱使用 TiDB（开源分布式关系型数据库）搭建跨源异构计算架构为例，详细说明云管理平台的具体应用。

（1）用户业务。网易互娱是全球领先的游戏开发与发行公司，目前在线运营的游戏数量占网易游戏总品类数量的 80% 以上，精品游戏长期占据 AppStore（应用程序）、TapTap（游戏下载平台）榜单前列。

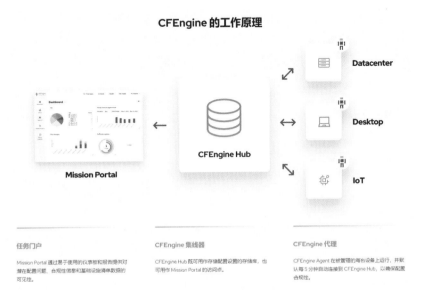

图 8-39　CFEngine 的工作原理

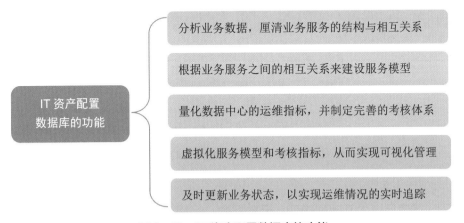

图 8-40　IT 资产配置数据库的功能

（2）业务需求。单机 MySQL（关系型数据库管理系统）存在容量有限、读写性能差、扩展性差等问题，且连接数据表复杂度高，缺乏大数据分析能力。网易互娱需要兼容 MySQL 协议，以及更具灵活性、扩展性的数据中心方案。

（3）提供方案。网易互娱采用基于 TiDB 搭建跨源异构计算架构，负责集成和管理线上数据，以及提供报表、监控、运营、用户画像与大数据计算等数据分析平台。图 8-41 所示为网易互娱用户画像业务逻辑架构图。

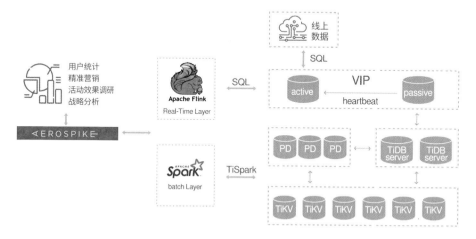

图 8-41　网易互娱用户画像业务逻辑架构图

（4）取得成效。网易互娱使用该架构有 3 个好处，如图 8-42 所示。

图 8-42　网易互娱使用该架构的 3 个好处

2. 运用 ITIL 管理

ITIL 指信息技术基础架构库，云数据中心运用 ITIL 管理来建立 PDCA 循环管理体系，从而优化对数据中心的运营与维护。现如今，ITIL 已广泛应用于医疗、交通、工业、农业等各个领域。

专家提醒

PDCA 循环是一种全面质量管理方法，它将质量管理分为 Plan（计划）、Do（执行）、Check（检查）和 Act（处理）4 个阶段，按步骤执行来实现管理。

下面以 ITIL 在医药信息系统运维中的应用为例，详细说明数据中心的运营与管理，如表 8-2 所示。

表 8-2　ITIL 在医药信息系统运维中的应用

业务需求	（1）医药的客户群体复杂、庞大，有极大的销售、分销管理需求； （2）药品和化学试剂时效性强，需要对批次号等进行跟踪； （3）医药产品有特殊的流通途径，发货退货的结算相当频繁，且成本要求按照品规、批次、加工工序等核算过程较为复杂
系统现状	（1）医药企业信息化投入少，医药信息系统运维受成本的限制； （2）医药信息系统较小，且相对分散，但医药企业的运营面向的是整体，要求运维管理面广量大； （3）企业实施的医药信息系统包含自主研发与外包购买，不同系统间没有统一的标准，容易造成数据信息混乱，从而增加运维难度； （4）医药信息系统运维的效率低下，客户的满意度低
应用情况	对于医药行业来说，医药信息系统运维是业务实现、保证与计量的基础环节与核心环节，因此完善其医药信息系统运维，能够确保医药信息系统可靠、可扩展地运行；ITIL 在医药信息系统运维管理中的应用，是将服务器管理、系统软件管理、事件管理等各种技术管理工作进行疏通，形成典型的流程，然后提供给 IT 服务提供方（即医药信息系统维护部门）使用，再将这些流程转换为特定的 IT 服务，提供给客户。在这一过程中，ITIL 将医药信息系统的技术管理转换为流程管理以及服务管理
发挥作用	IT 服务管理以流程为导向，以客户为中心，通过整合 IT 服务和组织业务，提高组织 IT 服务水平； 对内流程化管理支持各种活动的流程化，有利于提高效率，计量业绩； 对外将各种活动打包成服务，有助于准确计量 IT 服务的价值

086　云数据中心与传统 IDC 有何不同

在传统数据中心的应用中，最广泛的就是 IDC（internet data center，互联网数据中心），它拥有互联网接入带宽、高性能局域网络、安全可靠的机房环境、专业化的管理和完善的应用服务平台等一整套完善的设备。

与传统 IDC 相比，云数据中心的保障设施也符合设置标准，且在运营效率与成本上更具优势，具体表现为 4 个方面，如图 8-43 所示。

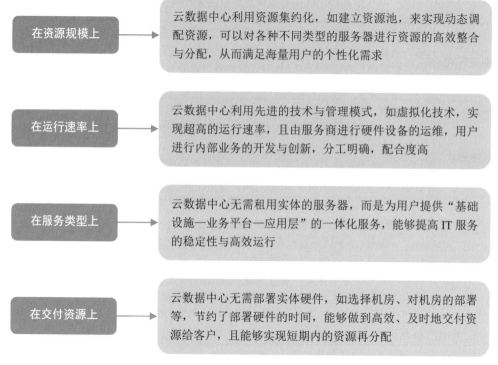

图 8-43　云数据中心与传统 IDC 相比的优势

第 9 章

人工智能：数字化物理世界

学前提示

　　提到人工智能，大家首先联想到的可能是机器人，机器人是人工智能的一个应用分支。除此之外，人工智能还可以用作语音识别、图像处理等，其原理是计算机技术借助机器来实现与拓展人类智能的更多可能性。

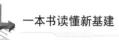

087 人工智能是什么？有何特征

"人类"一词的英文名称为 Human，Human 一词最早由拉丁文 Homo Sapiens 演变而来，译义即智人。智人与现代人同属于一个物种，由直立人进化而来，并且拥有发达的脑部结构，生活在具有语言、劳动、阶级等元素的社会中，现代人则在智人的基础上进化而来。由此可窥探到，"智能"一词是与人类相关的名词，表示智力与能力的综合。

而"人工"指的是人为制造，因此"人工智能"就是指人为制造的智能，表示赋予他类的智慧，机器则是被赋予智慧的主要物质载体。人工智能（artificial intelligence，AI）具有以下 3 个主要特征。

1. 机器思维

人工智能的本质是将人类思维的算法运用到机器上，以一种算法的形式让机器模拟人类思维，从而让机器具备与人类对话、从事劳动等人类独有的自主能力。"人工智能之父"约翰·麦卡锡（John McCarthy）在 1956 年的达特茅斯会议上提出，人工智能是"制造智能机器的科学与工程"，这是对人工智能这一概念的正式定义。

自此，人工智能经过进一步的发展演变，被定义为一门计算机学科，如果你在百度上搜索"人工智能"，你会发现人工智能被认为是"计算机科学的一个分支"，如图 9-1 所示。但无论如何演变，人工智能的本质都是计算机算法，所追求的都是赋予机器以人类智能。

图 9-1　在百度百科上搜索"人工智能"

2. 机器意识

从实践的角度来看，人工智能可以分为 3 类，即弱人工智能、强人工智能和物理人工智能，如图 9-2 所示。

弱人工智能：只具有智能行为，遵循既定步骤

人工智能的分类

强人工智能：要求具有人类思维，能独立工作

物理人工智能：能够模仿人体，属于高级智能

图 9-2　人工智能的分类

早期的人工智能属于弱人工智能，例如国际象棋程序——深蓝就是按照设置好的程序，按部就班地进行操作。当时的智能象棋还处于初级业余阶段，主要是通过两个不同的神经网络协同合作：一是预测棋盘，企图找到最佳的下一步；二是不断更新算法，评估每一个对战者赢棋的概率。

强人工智能则可以实现理解信息并能保持意识，但仍处于模仿人的大脑阶段。而物理人工智能则是更进一步的发展，不仅可以模仿人的行为，而且更具自主性。

3. 机器算法

人工智能得以实现主要归功于以下 3 个要素。

（1）人工智能数据。当前，人工智能的发展体现在机器学习上。机器学习的两种重要方式：一是监督学习，二是无监督学习。这两种方式都需要以海量数据为基础，将有标注的样本输入到机器里，样本越多，机器自主化程度越高。例如，AI预报天气可以提前一周对台风进行预测，这一预测就是基于近期，或者一年前，也可以是几年、几十年甚至更长时间的数据积累，再通过算法，提高预测的准确度。图 9-3 所示为 Himai-Ai 天气预报对某一周的天气预测。

图 9-3　Himai-Ai 天气预报

（2）人工智能算力。算力是指计算机在一秒钟之内能够处理多少数据的能力。作为高科技发展的要素，超级计算机早已成为世界各国经济和国防方面的竞争利器。

现在，国家间的人工智能之争已经在很大程度上演变为算力之争，经过我国科技工作者几十年的不懈努力，高性能计算机与人工智能的研制水平显著提高。例如，我国超级计算机"神威·太湖之光"的持续性能高达 9.3 亿亿次/秒，峰值性能可以达到 12.5 亿亿次/秒。

（3）人工智能算法。算法是指计算机解决问题和执行命令的路径选择。不同的数学模型，计算机选择的算法路径也不一样，算法与模型已经成为人工智能系统的重要支撑。人工智能的相关算法类型众多，最常见的算法有回归算法、基于实例的算法、决策树算法（见图 9-4）、贝叶斯分类算法等。

图 9-4　决策树算法

088　人工智能的技术架构是什么

人工智能的实现需要技术架构，即机器必须具备的能力，其核心技术包括机器学习、深度学习和强化学习 3 种，如图 9-5 所示。

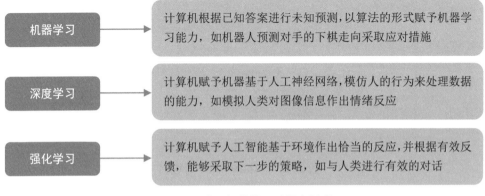

图 9-5　人工智能的 3 种核心技术

除此之外，人工智能还有以下 8 种基本的技术架构。

（1）自然语言处理。指人类与机器能够自然沟通的桥梁，具体指通过人类语言与计算机语言之间的相互转换，来实现高效率的人机交流。自然语言处理借助翻译系统、信息的简化和系统问答对话等技术，精准解析语言的语音、词法、句法、语义和语用等，从而实现人机对话。

（2）智能语音。指机器对声音的处理，从声音信息的前端处理开始，然后将声音信息转为数据文字，最后将语言转化为声波，从而形成完整的人机交互，具体流程如图 9-6 所示。

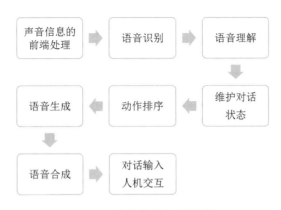

图 9-6 完整的人机对话流程

（3）智能问答。指机器作出回答，包含 4 个模块，如图 9-7 所示。

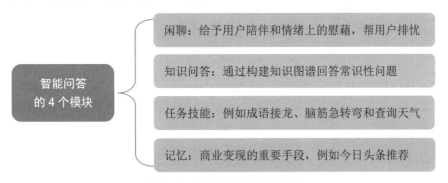

图 9-7 智能问答的 4 个模块

（4）计算机视觉。指光学系统和模块处理相结合来模拟人的视觉能力，实现人工智能通过特定的装置捕捉三维信息和执行决策。

（5）智能操作系统。指人工智能应用领域提供给用户的操作平台。例如，卓易智能科技与竹间智能科技联合发布的、号称全球首个真正搭载人工智能的手机系统——Freeme OS 7.0，就具备人脸解锁和人脸识别趣味拍照等功能。

（6）智能云平台。是对人工智能应用的管理平台。例如，南宁利用政府"云管家"防范政府债务风险，打造了全国一体化的政务在线平台，通过人工智能完成证照服务和智能审批等项目。

（7）智能大数据。指大数据中心，产生于对海量的数据和算法模型的存储要求。例如，于成都高新区成功落户的华为人工智能大数据中心，可以支持大数据的分析、存储与共享。

（8）智能芯片。指处理海量数据的核心技术。例如，阿里巴巴第一枚自研芯片——含光 800（见图 9-8），1 枚含光 800 的算力相当于 10 个电脑 GPU（graphics processing unit，图形处理器或视觉处理器），且它的推理性能可达78563 IPS，号称是"全球最高性能 AI 推理芯片"。

图 9-8　含光 800 芯片

089　人工智能如何发展演变

人工智能的发展演变依托于计算机技术的发展，大致经历了 4 次发展高潮，即互联网的智能化、大范围商用智能化、物理世界智能优化和机器自主优化，详细内容如下。

1. 互联网的智能化

互联网的智能化是人工智能发展的第 1 次高潮，大约发生于 2012 年，彼时各大 App 层出不穷，这些 App 借助计算机互联网络，根据人们平时浏览的内容，了解、学习和研究有何喜好，从而有针对性地去推荐人们感兴趣的内容。

例如，今日头条的人工智能利用计算机在互联网上搜寻内容，结合算力和算法，整合来自合作伙伴或者平台写手的大量文章和视频，再根据用户的浏览记录，如点赞、阅读和评论等行为，针对他们的兴趣爱好和习惯定制专门的动态推送。

这一阶段的人工智能发展主要是互联网公司给用户的浏览数据贴标签，这种方式创造的价值还只局限于少部分有自主研发能力的高科技产业，尚未大规模推广。

2. 大范围商用智能化

大范围商用智能化是互联网公司发展人工智能直接获利的开始，具体是给传统互联网公司数十年来累积的专业数据贴标签，如银行理赔、保险公司鉴别保险欺诈和医院保存患者记录等。这些活动产生了大量带有标签的数据，商用人工智能就是从这些数据库标签中挖掘其中的规律，使其高度相关，并尝试找出它们的隐性联系，不断训练算法，使其超过经验丰富的人类从业者。

例如，小笨智能推出的商用智能机器人，不仅有个性化外观定制，满足不同商务场景的需求，还能主动迎宾，打印定制票据，如图9-9所示。

图9-9　商用智能机器人

人工智能的商用随着海量数据的增加和算法的升级而不断普及，其目标用户逐渐延伸至那些被传统企业忽视的人群，如低收入工作者和外来务工的年轻人，这意味着第2次人工智能发展对现实产业的布局有着直接影响。

3. 物理世界智能优化

第3次人工智能高潮是对物理世界的智能优化，改变了以往人工智能基于人类行为产生的数据库来建设的形式，赋予机器以人的模样。这一发展阶段的人工智能实现了机器不再是简单地存储信息和执行命令，它们开始模拟人脑的运作方式，信息也变成了有意义的集群。2017—2019年的人工智能发展是这一阶段的飞速发展期，详细介绍如下。

（1）2017年10月，智能机器人"索菲亚"被沙特阿拉伯授予公民身份，成为历史上第一个拥有国籍的机器人，如图 9-10 所示。索菲亚拥有仿生橡胶皮肤，可以模拟 60 多种表情，其"大脑"采用了人工智能算法和谷歌语音识别技术，可以识别人类面部、理解人类语言，能够记住与人类的互动，并与人进行眼神接触。

图 9-10　智能机器人"索菲亚"

（2）2018 年，人工智能在汽车、智慧城市、医疗和新闻等领域取得了突出的成就，举例说明如下。

- 百度阿波罗无人车在春晚的荧幕上高度亮相，它引领着上百辆车队在大桥上完成了"8 字交叉跑"这种高难度的动作，给全国观众带来了一场极具感官刺激的"黑科技"表演。
- 阿里推出了杭州"城市大脑 2.0"（智慧城市系统），它可以连接分散在城市各个角落的数据，通过对大量数据的整理和分析来对城市进行管理和调配，典型的应用是智慧社区的构建。图 9-11 所示为智慧社区云拓扑图。

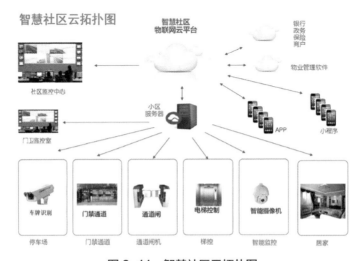

图 9-11　智慧社区云拓扑图

● 腾讯正式发布国内首个 AI 辅诊开放平台，帮助医生提高常见疾病诊断的准确率和效率，为医生提供智能问诊、参考诊断和治疗方案等服务。通过 AI 医学影像，腾讯把 AI 人工智能在医疗领域所取得的成果慢慢惠及大众，例如对肺癌、乳腺癌等疾病的早期筛查，如图 9-12 所示。

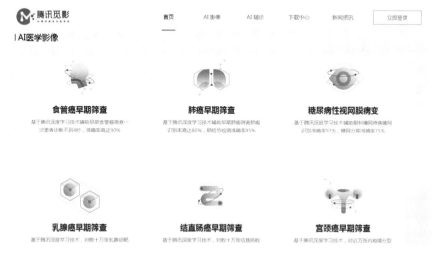

图 9-12　腾讯 AI 医学影像

● 新华社联合搜狗发布了全球首个"AI 合成主播"。在大会现场，"AI 合成主播"顺利地完成了 100 秒的新闻播报工作，其屏幕上的样貌、声音和手势动作简直和真人主播别无二致。

（3）2019 年 8 月，世界人工智能大会在上海世博中心（主会场）举办，大会的主题是"智联世界，无限可能"，该次大会聚集了全球智能领域的高端人才和社会精英，进行了人工智能领域的技术交流与合作。大会的圆满成功意味着人工智能研究的深入。

4. 机器自主优化

在第 4 次人工智能发展高潮中，机器将实现数据优化与更新的自主化，甚至拥有比人类更高级的思维能力。这一设想将随着互联网技术的发展而不断推进，是人工智能研发的重要方向。

090　人工智能的研究价值有哪些

人工智能的应用覆盖社会生活的方方面面，改变着人类以往的劳动、生活、交往和思考等方式，为人类生活带来了高度便捷性，这就是人工智能研究的意义所在。具体而言，人工智能的研究价值体现在改变人类的行为方式、简化社会结构、推动产业变革和优化企业管理 4 个方面，具体说明如下。

（1）人工智能可以改变人类的行为方式，包括人类的劳动、生活、交往和思考方式，具体内容如图 9-13 所示。

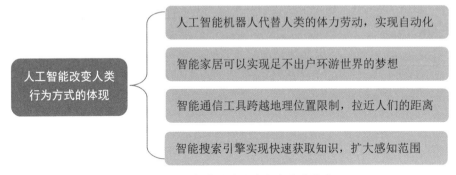

图 9-13　人工智能改变人类行为方式的表现

（2）人工智能可以简化社会层次结构，具体内容如图 9-14 所示。

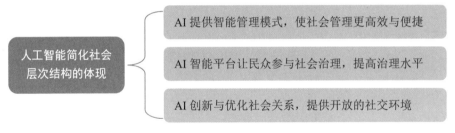

图 9-14　人工智能简化社会层次结构的体现

（3）人工智能技术的发展会带动产业结构的优化和升级，成为经济增长的重要推动力，其主要体现在 3 个方面，如图 9-15 所示。

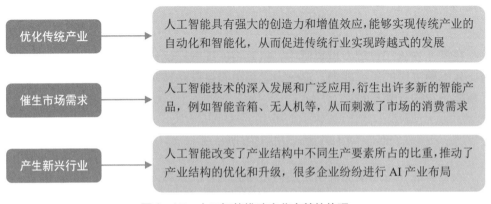

图 9-15　人工智能推动产业变革的体现

（4）对于企业而言，人工智能有助于降低企业的管理成本，详细说明如图 9-16 所示。

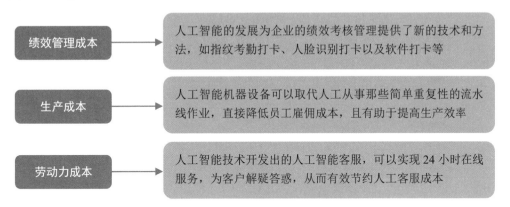

绩效管理成本	人工智能的发展为企业的绩效考核管理提供了新的技术和方法，如指纹考勤打卡、人脸识别打卡以及软件打卡等
生产成本	人工智能机器设备可以取代人工从事那些简单重复性的流水线作业，直接降低员工雇佣成本，且有助于提高生产效率
劳动力成本	人工智能技术开发出的人工智能客服，可以实现 24 小时在线服务，为客户解疑答惑，从而有效节约人工客服成本

图 9-16　人工智能降低企业的管理成本

091　人工智能的应用方案有哪些

随着人工智能的火热发展，百度、阿里巴巴以及腾讯悉数入局，提供不同的应用方案，从而导致 AI 界的人才、算力、数据、算法以及生态场景的竞争愈加激烈，也让互联网的价值进一步提升。本节将简要介绍百度、阿里巴巴以及腾讯 3 家互联网公司对人工智能技术的开发与应用。

1. 百度 AI：提供端到端的一体化服务

百度基于大脑高端科技技术，力图连接 AI 产业上下游，实现 AI 业务一体式服务，其产品范围覆盖较广，设备规格多样，举例说明如下。

（1）百度自主研发的实践性较强的开源深度学习平台——百度飞桨，集深度学习框架、基础模型库、端到端开发套件、工具组件和服务平台于一体，致力于让深度学习的技术与创新更简单，如图 9-17 所示。

（2）iOCR 是一款百度 AI 提供的定制化文字识别产品，主要针对固定版式如卡证、票据等。它不仅能识别银行汇票、支票和保险单，还能识别火车票、汽车票以及出租车票等十余种常见票据，如图 9-18 所示。除此之外，iOCR 还能识别 3000 款常见车型，并实时监测记录道路违章行为。

（3）活体检测，是指机器能够快速对比人体关键部位的特征信息，高效实施身份认证。这一技术已被广泛用于企业考勤打卡和学校无感知考勤等场景。将考勤功能集成到手机等移动设备中，还能以较低的成本实现刷脸考勤。

服务平台	EasyDL 零门槛AI开发平台	AI Studio 学习与实训社区	EasyEdge 端计算模型生成平台
工具组件	PaddleHub 热门 预训练模型应用工具	PaddleX 全流程开发工具	PaddleFL 联邦学习
开发套件	PaddleDetection 热门 目标检测	PaddleHelix 螺旋桨生物计算平台	PaddleOCR 热门 文本识别
基础模型库	PaddleNLP 自然语言处理模型库	PaddleCV 视觉模型库	Wenxin Big Models 热门 文心大模型
核心框架	Paddle 飞桨训练框架	Paddle Lite 轻量化推理引擎	PaddleSlim 模型压缩工具

图 9-17　百度飞桨技术与创新

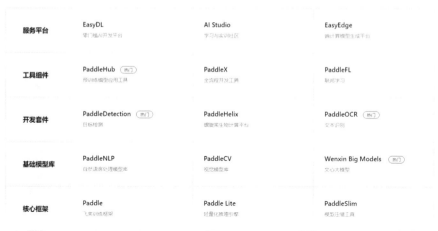

图 9-18　iOCR 的票据识别相关功能

2. 阿里 AI：真实还原用户需求与场景

阿里巴巴拥有 AI 底层应用技术、上层高端科技等完整的产品体系，基于用户的需求提供服务，其应用举例如下。

（1）智能音箱——天猫精灵，其不仅能真实还原音乐细节，打造高品质的音乐享受，给人以沉浸式的音乐体验，还能根据不同的曲风，自动搭配音效风格。它独有的 AI 音效增强技术，可以根据用户的音乐喜好，智能调配音效，实时满足用户的需求，如图 9-19 所示。

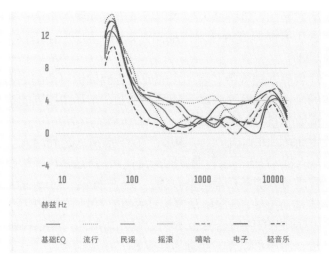

图 9-19 智能调配音效

（2）钉钉是阿里巴巴打造的、能免费使用的多段平台，有利于企业沟通和协同合作，是一个提供系统化解决方案的智能平台。它具有强大的企业管理能力，通过智能系统能够实现组织、协同、沟通、业务和生态等功能。

（3）AR（augmented reality，增强现实）开放平台是阿里巴巴人工智能实验室推出的一款能快速创建 AR 内容的智能操作系统，它能够提供免费的内容编辑平台和数据分析能力，利用业内首创的物理图像识别融合技术，呈现出最高质量的 AR 视觉效果。图 9-20 所示为阿里 AR 开放平台与图书馆合作推出的《小鸡球球》少儿绘本。

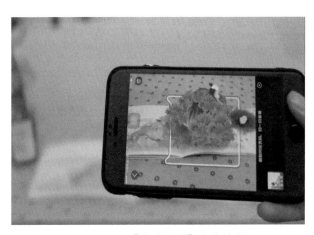

图 9-20 《小鸡球球》少儿绘本

3. 腾讯 AI：促进数字化产业升级

腾讯以互联网为基础，试图通过技术创新来丰富网民的生活，帮助企业进行数字化升级，它将人工智能等高端技术产品向外输出，展现出我国 AI 产业蓬勃发展的态势，举例说明如下。

（1）腾讯 AI 创意营销服务，是为企业或广告商提供可适配的咨询、设计、开发和运维一体化的个性营销解决方案，能解决企业在市场中遇到的痛点问题，从而更好地打造贴合市场的 H5 小程序。

（2）IP（intellectual property，知识产权）虚拟人是利用人工智能技术生成的能听会说的虚拟人物，力图营造有温度的交互体验，打造有情商的虚拟人物。例如，针对网络教学，IP 虚拟人能够打造虚拟教师，为学生提供一对一的专属服务。另外，IP 虚拟人在虚拟主播、导游、客服以及虚拟助手等多种场景中也得到了广泛的应用。

（3）基于中国领先的自然语言技术和数据处理能力，腾讯将智能闲聊功能快速接入微信公众号，用户可以与"小冰"（又称"小冰框架"，一款聊天机器人）开启社交模式，聊天范围包括音乐、诗词、笑话和天气等多方面的垂直领域，从而让聊天更有趣味、更有爱，如图 9-21 所示。现如今，随着技术的不断升级，"小冰框架"已经变得越来越智能化，聊天内容也不再生硬尴尬，大大提升了用户体验。

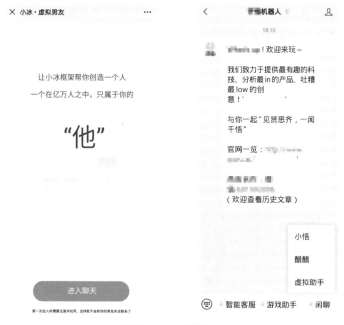

图 9-21　智能聊天

092　人工智能如何影响人类的衣食住行

现今，人工智能已经覆盖人类生活的各个方面，最直接的表现是人类的衣食住行得到了大幅度的提升，智能穿戴、智能零售、智能家居和智慧出行的普及改变着人们的生活方式，大大提高了人们生活的幸福指数。本节将从这些方面来探讨人工智能对人类衣食住行的影响。

1. 智能穿戴

智能穿戴通过 AI、5G 等互联网技术来改良人们的服饰，为人们提供健康、实用的穿戴体验，举例说明如下。

（1）谷歌眼镜。可以用作基本的视力调整，其迷你摄像头的设计具备拍照、录像和远程直播功能，还有语音操控功能，能将照片视频分享到朋友圈、QQ 空间和微博等社交平台；同时，它还兼具行车记录仪、语音导航帮手和电话小助手的功能，可以用于医疗录像、交通执法、现场教学和企业监控等领域。

（2）智能内衣。又叫智能发热服，其能够在数秒之内，通过电热高科技——碳纤维丝远红外发热，让冬天不再寒冷。另外，智能内衣还能智能连接 App，同时具备 5 档温区调节、智能恒温的功能，当温度偏高时还具备自动断热功能，让用户时刻处于舒适的温度内。

（3）咕咚智能跑鞋。该跑鞋是一款能够协助运动的跑鞋，其内部具有智能芯片，能够识别用户跑步和暂停的状态，让用户可以随时了解里程、跑步姿势和卡路里消耗等基本数据。在跑鞋的使用过程中，与手机专用软件连接，用户可以享受语音指导功能，对校正用户跑步姿势具有帮助，如图 9-22 所示。

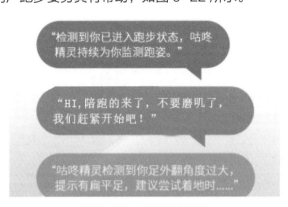

图 9-22　咕咚语音指导

2. 智能零售

智能零售是借助 AI 技术改良商店，来为人们提供购物上的便捷。如街上或小区随处可见的自动贩卖机，人们可以选择对应的饮料或者小零食，再通过投币或扫码的方式来付款完成购物。

现如今，智能零售比较有突破性的应用是无人超市的运作，例如缤果盒子，这是全球首个大规模成功投入运营的无人超市。它采用的是扫码开门的形式，将手机移动终端与超市门相连接，用户只要一键扫码便能进入店铺。用户选好商品之后，该超市通过图像识别技术和传感器，智能识别商品，自动生成二维码，如图9-23所示。

图9-23　选购商品检测收银

待用户完成付款之后，大门里的智能感应芯片会迅速响应，自动开门。用户选择商品的可能性大小，取决于商品的价值程度，缤果盒子打造的是家中应急商品的最佳零售渠道，盒子就在楼下，走两步就能拿，过程方便，且时间消耗最少，能达到一秒进门和一秒出门的目的。

借助AI技术也可以实现线上购物的便捷，例如美团推出的"无人微仓＋无人配送"的运营模式。用户在任意一个首钢园区内的美团站牌下单，美团推出的AI智慧门店系统就会迅速响应，通过AGV（automated guided vehicle，自动导引车）小车完成配货以及打包服务。

AGV小车的平均送达时间为17分钟，可以实现95%的订单无人配送。针对市场的不同需求，美团还提供了不同的配送模式，如巡游模式（见图9-24）、仓配一体模式和智能末端模式等，从而实现了不同场景的配送服务。

3. 智能家居

智能家居是借助人机交互技术来研发智能家居产品，通过产品的应用为人们提供居家便捷的AI应用方案。以卧室设计为例，详细说明如下。

AI技术为卧室提供智能衣柜和智能床来满足人们居家的舒适度。其中，现代智能衣柜，将衣柜设计得十分精细，布局也非常工整，其存储空间可分为平板抽屉、平板时尚裤架、LED 衣通（安装于衣柜中的感应灯）、钥匙挂板、百宝架、化妆抽和鞋架层板等，可以帮助人们有效归置衣物和节省室内布局空间。

图 9-24　巡游模式

而智能床，可以从床的高度、舒适度等方面提升人们的居家幸福感。如天猫梦百合旗舰店推出的智能升降床（见图 9-25）具备 7 种智能模式，包括观影模式、打鼾干预模式、瑜伽模式、阅读模式、休闲模式、零压力模式和平躺深睡模式。

其中，零压力模式十分有利于孕妇使用，它可以自由升降高度，躺、卧都非常轻松；瑜伽模式可以帮助那些久坐的上班族放松颈椎，舒缓背部压力；打鼾干预模式可以适当抬起背部，保障大脑充分供氧，使呼吸顺畅，起到有效预防打鼾的作用。

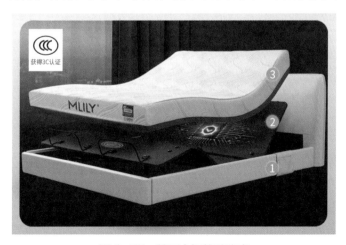

图 9-25　梦百合智能升降床

4. 智慧出行

智慧出行主要是借助 AI、5G 等互联网技术实现汽车的自动化驾驶。随着科学技术的不断进步，企业对于无人驾驶的研发也越发深入，从无人驾驶运输网络到港口无人装运，再到智能化监测路况以及远程操控汽车，无人驾驶技术正一步步完善，大幅提高了人们的出行便捷性。

下面以平民小众汽车品牌新宝骏推出的无人驾驶汽车为例，详细介绍 AI 技术在智慧出行方面的应用。

新宝骏无人驾驶汽车在安全及控制方面性能比较优异，例如其推出的 SDW（safe distance warning，安全距离警告）功能，当车辆与前车距离过近时，它就会发出警报，从而有效预防交通事故，如图 9-26 所示。

图 9-26　SDW 功能

该汽车在 5G 芯片的加持下，能共享不同家用设备间的数据流，实现"手机 + 车机 + 智能家居"的车家互联，为家庭出行提供极大的便利。

093　人工智能如何影响人类的工作与社交

人工智能除了在人们基础的衣食住行等方面得到广泛的应用，还可以为人们的工作与社交提供便捷性，具体介绍如下。

1. 智能办公

人工智能有助于简化企业管理工作的烦琐和提高员工的办公效率，下面以泛微智能办公平台为例，进行详细说明。

泛微智能办公是腾讯战略投资的、能与企业微信相连的移动工作平台。基于 AI 语音交互技术和泛微 OA 场景，企业为每个成员配备了一个全天候智能语音助手——"小 e"。它拥有很多智能化功能，如业务处理智能化和知识问答智能化等，能帮助工作人员完成数据查询、审批和日程管理等日常办公问题。

"小 e"通过人工智能技术具有感知、理解、行动和学习能力，使它成为一个新的智能应用入口，有利于减少重复工作。另外，该平台还支持手机办公操作，能够智能识别请假时企业人员需要处理的工作内容，并及时发布到工作者手中，如图 9-27 所示。

图 9-27　智能处理业务

同时，泛微的智能技术也适用于政务办公，不仅能够智能收文和自动电子署名，还可以智能跟踪项目流程，具备流程审批、公文管理和党建管理等多种功能，为政府工作的公开透明提供帮助，使政务工作有效满足群众需求。

2. 智能社交

智能社交主要表现为手机产品的应用，AI 技术增加手机的刷脸、语音和指纹识别功能，扩展手机应用的便捷性与娱乐性。借助手机，人们可以享受拍照记录、音乐畅听、跨区域通信、无障碍出行与购物等服务。下面以小米手机的功能为例，详细说明人工智能对人们社交的影响。

小米手机的研发基于 MIUI 操作系统，其应用可以享受出行路径记录、睡眠情况监测、自由定制声音和自主连接家居电子产品等功能。例如，自由定制声音功能，用户只需录制 20 个声音文本，手机就能根据算法智能打造"小爱同学"，定制一套专属于用户的聊天声音和风格，实现个性化社交。

除此之外，小米手机上有一个专为听障人士设计的 AI 通话功能，能够帮助那些有沟通障碍的人与世界更好地交流，如图 9-28 所示。

图 9-28　专为听障人士设计的 AI 通话功能

094　人工智能如何影响产业的升级与变革

人工智能可以用于农业领域，帮助提高农产品的产量和质量；也可以用作工业制造领域，降低工厂生产的成本。本节将主要介绍人工智能对农业领域和工业领域的影响。

1. AI 农业

在农业领域中，已经应用到了很多人工智能技术，例如无人机喷洒农药，实时监控、物料采购和数据收集等，优化了农业现代化管理，减少了许多时间和人力成本，极大地提高了农牧业的产量。下面以采摘机器人为例具体说明人工智能的应用。

采摘机器人可以实现智能化采摘农作物，有效缓解丰收时节劳动力不足的问题，大幅提高工作效率，减少农作物的损失，如图 9-29 所示。

2. 智能工厂

人工智能用于工业领域，可以发挥机械自动化操作、3D 可视工厂管理、数字化工厂等作用。下面以商迪 3D 数字化工厂为例来说明人工智能在工业领域的应用。

图 9-29 采摘机器人

商迪 3D 是一家以 3D 技术为核心的服务类企业。它能对接各种数据 API（application programming interface，应用程序接口）接口，并利用 3D 建模，构建数字化可视工厂（见图 9-30）；还能对机械设备进行 3D 建模，通过 360 度拖拉对设备进行全方位的展现，有利于客户进一步了解企业产品。

图 9-30 数字化可视工厂

此外，商迪 3D 结合智能配电 3D 物联网管理系统，还可以为用户提供电能统计与控制功能。这类数字化的运维方式降低了人力和物力成本，能够帮助用户更好地实现用电信息化。

095　人工智能在其他领域的应用如何

人工智能的应用广泛，除上述领域外，还在金融、营销和法律行业有所成就，本节将主要介绍智能金融、内容营销和智慧法律 3 个方面的内容。

1.　智能金融

人工智能可以借助海量数据处理能力，来降低金融领域中的投资风险，具体表现为在远程开户场景和图像识别方面提供高效服务，精准识别客户预防欺诈以及充当理财顾问的角色，为客户提供理财建议等。下面以金融商业云平台——金融壹账通为例，来具体说明人工智能在金融领域的应用情况。

金融壹账通是国内客户数最多的金融商业云平台，集智能运营、智能问答、模型系统和标签系统为一体。该平台运用 AI 技术，可以将客户端与座席端连接起来，使用户仅通过智能电话就能得到更高级的金融营销服务，如图 9-31 所示。

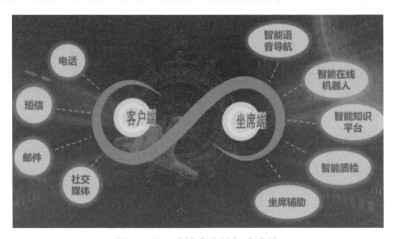

图 9-31　连接客户端与座席端

2.　内容营销

人工智能渗透到市场营销领域中，可以将内容优化为更有价值的数据，从而准确地预测市场需求，达到营销成功的目的。具体的应用有 AI 词曲机器人、品牌 LOGO 设计、文案写作等。

例如，智能 LOGO 设计系统，可提供算法分析和智能数据库等功能，用户只要输入名称和选择行业，仅需 10 秒就能生成一个品牌 LOGO，如图 9-32 所示。

3.　智慧法院

人工智能的模型为法院提供了数据化的建设基础，让法院也变得越来越智能化，为法律事业的进一步发展创造了新的机遇。

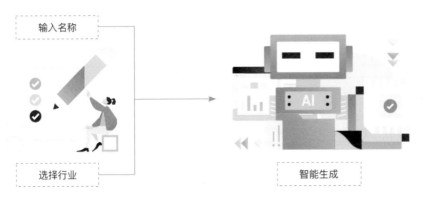

图 9-32　智能 LOGO 设计

　　例如，亚迅威视构建的智慧法院，可以为国家机关提供一整套的审讯及数字化法庭解决方案。该智慧法院中的远程听证系统由中心机房、云视频会议中心和视频会议终端设备等构成，通过与云端相连接，能够满足同步录音录像功能，还能让不方便到场的听证人员及时了解会议情况或实时参与听证，如图 9-33 所示。

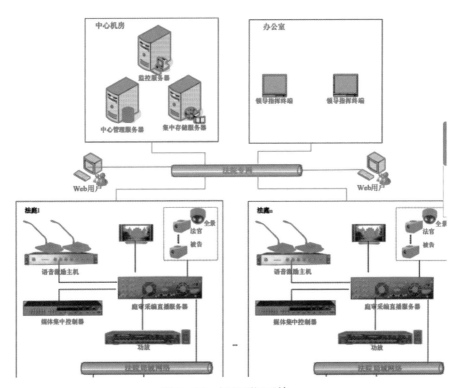

图 9-33　远程听证系统

此外，远程听证系统还可以将多元化纠纷数字化，实现手机线上申请、线上通知和远程调解等功能，简化审理程序，这样就极大地节约了用户的时间，实现了法院与人工智能的有机结合，提升了法院处理案件的效率。

096 人工智能的商业盈利模式是什么

人工智能经过几十年的发展，已经在多种商业场景中得到了应用。在这些应用和拓展中，人工智能逐渐形成了五大商业模式，实现了其在经济上的发展，具体介绍如图 9-34 所示。

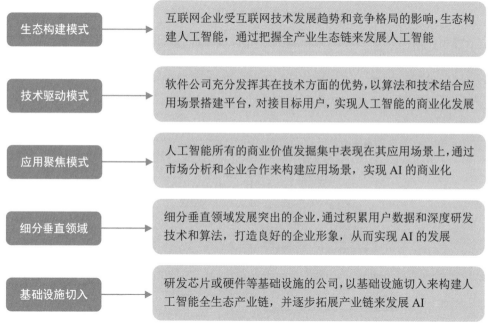

生态构建模式	互联网企业受互联网技术发展趋势和竞争格局的影响，生态构建人工智能，通过把握全产业生态链来发展人工智能
技术驱动模式	软件公司充分发挥其在技术方面的优势，以算法和技术结合应用场景搭建平台，对接目标用户，实现人工智能的商业化发展
应用聚焦模式	人工智能所有的商业价值发掘集中表现在其应用场景上，通过市场分析和企业合作来构建应用场景，实现 AI 的商业化
细分垂直领域	细分垂直领域发展突出的企业，通过积累用户数据和深度研发技术和算法，打造良好的企业形象，从而实现 AI 的发展
基础设施切入	研发芯片或硬件等基础设施的公司，以基础设施切入来构建人工智能全生态产业链，并逐步拓展产业链来发展 AI

图 9-34 人工智能的商业模式

一般来说，企业借助人工智能盈利有以下 3 种途径。

（1）卖技术。人工智能有 3 个技术层级，企业可以根据其技术层级扩展对应的盈利渠道，如图 9-35 所示。

（2）卖产品。企业可以将利用人工智能技术所研发的产品应用于各大领域，来获取利益。例如，在网络广告营销领域，人工智能可以利用大数据这一人工智能基础进行用户画像，从而为广告主提供企业营销解决方案、解决方案平台或智能服务机器人等，帮助企业快速实现营销。图 9-36 所示为全天候智能户外广告机，用于网络广告的智能服务机器人，能够实现线上线下的人工智能互动式媒介平台营销。

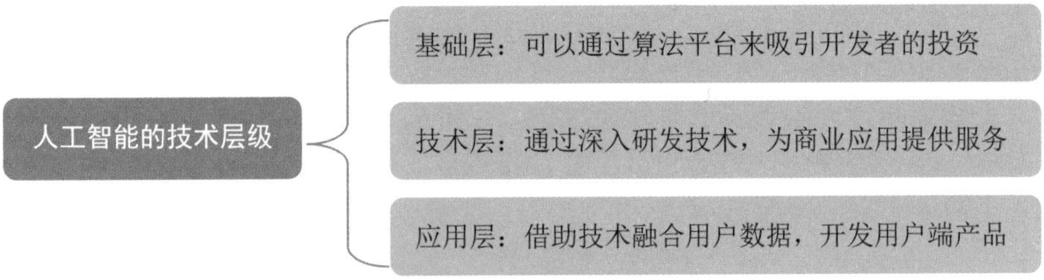

人工智能的技术层级
基础层：可以通过算法平台来吸引开发者的投资
技术层：通过深入研发技术，为商业应用提供服务
应用层：借助技术融合用户数据，开发用户端产品

图 9-35 人工智能的技术层级

手机云控APP发布
Pad云控
APP发布
电脑云平台发布

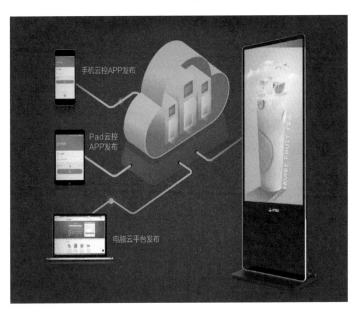

图 9-36 全天候智能户外广告机

（3）卖知识产权。人工智能与人的智力劳动息息相关，其所形成的科研成果是人们智慧的结晶，应当受到政策上的支持和法律保护。我国对人工智能的知识产权所采取的支持政策主要包括以下两个方面。

- 发文支持人工智能的“三化”，“三化”即人工智能“产品化”“专利化”和“标准化”。国家政策首先明确对人工智能的各项标准化要求作出了规定，然后进一步提出了人工智能的产品化、专利化、标准化目标。
- 加紧布局人工智能关键技术。就人工智能的发展现状而言，我国在人工智能领域的成就主要表现在单元技术方面，如在语音、图像和人脸等识别方面已有了较高的发展水平，而对于那些处于基础、前沿地位的关键技术，我们还有所欠缺，这也是目前我国人工智能发展迫切需要取得突破的重点问题。

097　人工智能的未来发展方向有哪些

人工智能对行业发展的影响是巨大的，企业要适应这种技术上带来的变革，并作出合理、明智的决策。本节将以工业、服务业、医疗、军事等领域为例，来具体介绍人工智能未来的发展方向。

1. 工业领域

人工智能在工业领域的应用主要是自动化机器的应用，随着人工智能技术的发展，工业自动化程度将会越来越高，生产效率也将大大提高。而与此同时，自动化机器的规模化应用会导致一部分的工人下岗，企业应做好这方面的管理工作。

2. 服务业领域

在服务业领域，人工智能显著的应用是机器人在一些餐饮、酒店等场所为人们提供服务。如日本长崎的 Henn-na Hotel 机器人酒店，他们的前台招待、搬运行李、引导办理业务、打扫卫生和倒咖啡等工作都是由机器人来完成。

人工智能机器人将是未来代替劳动力最好的方式，能有效地解决人口老龄化和劳动力短缺的问题。显然，在服务行业，智能化已经成为不可避免的趋势，各企业要抓住这个机遇，迎难而上。

3. 医疗领域

许多企业借助人工智能在医疗领域开发了自己的智能医疗系统。例如，百度研发的智能合理用药引擎（见图 9-37），能够利用知识图谱技术，对患者的用药合理性进行深层次的挖掘，以提高用药的合理度。这一应用能让病人得到有效救治，同时也可以提高医生的会诊水平，是人工智能发展的一个重要方向。其中，TBIL（total bilirubin，总胆红素）是与人体血液相关的一个医学名词；AST（aspartate transaminase，谷草转氨酶）是存在于人体肝脏、肾脏等组织中的一种物质。

4. 军事领域

人工智能在军事领域的应用包括作战数据分析和预测、敌我目标识别、智能作战决策、模拟作战数据和无人作战平台等。人工智能技术的应用有助于促进军事武器和系统的发展和升级，进而增强军队的作战能力和国家的军事实力。

除此之外，由于人工智能强大的可替代能力，造成了社会结构的剧烈变革。人工智能有助于提高社会的经济效益，为社会创造更多的财富。

对于企业而言，深入人工智能的开发有助于形成技术垄断，为企业带来巨大的利润，从而保持企业的竞争力。例如，在智能语音方面，我国的手机品牌都有其独特的语音助手，比如小米的"小爱同学"、华为的"小艺"和 OPPO 的语音智能助手"小布"。

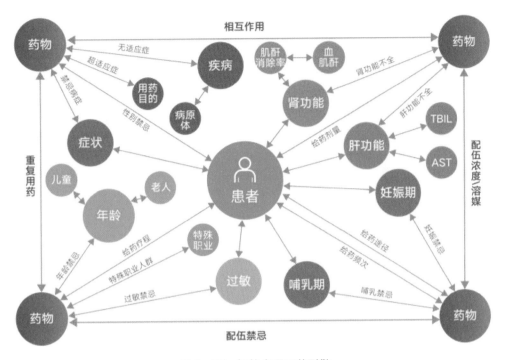

图 9-37　智能合理用药引擎

　　这几大品牌作为智能手机技术的领跑者，其语音助手以人机高效交互的模式，让用户实现休闲娱乐、网络查询和生活服务等功能操作。而且未来凭借自主研发的人工智能系统，其语音助手还可以不断地学习和进化，实现人与机器的高度融合，变得越来越智能。

第 10 章

工业互联网：产业数字化升级

学前
提示

随着数字经济的不断深入，传统的产业发展也在向数字化方向转型升级，尤其是工业领域中的传统制造业。为了在数字经济中占据一席之地，必须加快产业数字化升级的步伐，而实现产业数字化升级的重要手段就是工业互联网。

098 工业互联网指什么

工业互联网，顾名思义，即"工业＋互联网"，是指现代信息技术与工业相融合的发展模式，表现为工业领域中的产业数字化升级，详细解读如图 10-1 所示。

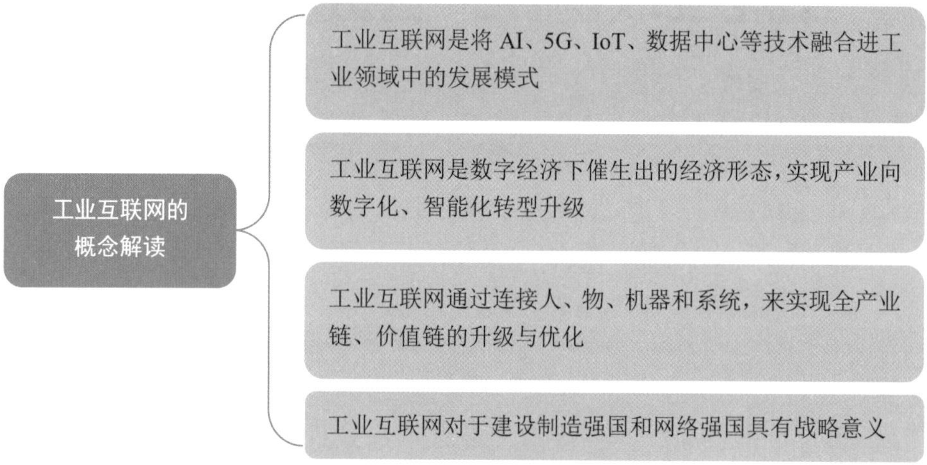

工业互联网的概念解读

- 工业互联网是将 AI、5G、IoT、数据中心等技术融合进工业领域中的发展模式
- 工业互联网是数字经济下催生出的经济形态，实现产业向数字化、智能化转型升级
- 工业互联网通过连接人、物、机器和系统，来实现全产业链、价值链的升级与优化
- 工业互联网对于建设制造强国和网络强国具有战略意义

图 10-1　工业互联网的概念解读

099 工业互联网由什么构成

工业互联网由网络、平台、数据和安全 4 个要素构成，本节将主要介绍这 4 个要素。

1. 网络是基础

工业互联网以网络架构为基础，来实现工业领域的人、物、机器、系统的互通互联，其网络体系包括网络互联、数据互通和标识解析 3 个要素，详细介绍如图 10-2 所示。

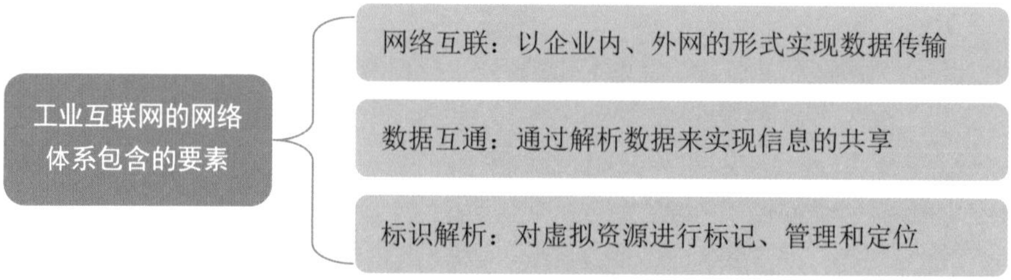

工业互联网的网络体系包含的要素

- 网络互联：以企业内、外网的形式实现数据传输
- 数据互通：通过解析数据来实现信息的共享
- 标识解析：对虚拟资源进行标记、管理和定位

图 10-2　工业互联网的网络体系包含的要素

2. 平台是中枢

在工业互联网的应用中，数据的互通与共享主要得益于平台的建设，平台对工业互联网来说，就相当于操作系统之于电脑。工业互联网的平台包括 4 种，即边缘层、IaaS（infrastructure as a service，基础设施服务）、PaaS（platform as a service，平台即服务）和 SaaS（software as a service，软件即服务），这 4 种平台共同作用于工业互联网，发挥 4 个作用，如图 10-3 所示。

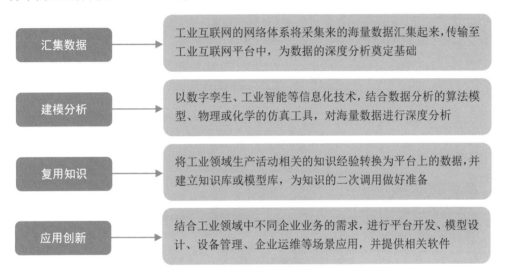

汇集数据	工业互联网的网络体系将采集来的海量数据汇集起来,传输至工业互联网平台中,为数据的深度分析奠定基础
建模分析	以数字孪生、工业智能等信息化技术,结合数据分析的算法模型、物理或化学的仿真工具,对海量数据进行深度分析
复用知识	将工业领域生产活动相关的知识经验转换为平台上的数据,并建立知识库或模型库,为知识的二次调用做好准备
应用创新	结合工业领域中不同企业业务的需求,进行平台开发、模型设计、设备管理、企业运维等场景应用,并提供相关软件

图 10-3　工业互联网平台发挥的作用

3. 数据是要素

工业互联网的实现途径是将工业领域中的各类物理信息、知识经验转换为数据，然后通过网络、平台的运转来实现数据的共享，从而达到工业产业的智能化。

例如，在工厂的车间中，自动化机器人进行流水线作业的生产，就是将工人操作的具体步骤转换为数据，并将数据输入至系统或平台中，以系统或平台发出指令来操控机器，进而实现工业制造领域的智能化。因此，在工业互联网中，数据是关键的要素，具有 3 个特点，如图 10-4 所示。

4. 安全是保障

工业互联网与互联网一样，游荡于充满不确定性的虚拟空间中，且数据连接数量多、共享程度大，容易发生数据丢失、盗窃等风险，因此需要采取网络安全保障措施。而与传统的互联网安全相比，工业互联网安全具有 3 个特点，如图 10-5 所示。

重要性

数据相当于工业互联网的"种子"，没有数据的支撑，工业互联网便难以"开花结果"

专业性

数据相当于计算机语言，对其进行分析与利用需要专业人士和专业知识储备进行"解码"

复杂性

数据来源于不同的工业业务，面向不同的消费者，具有一定的复杂度，且采集或分析也具有一定难度

图 10-4　工业互联网数据的特点

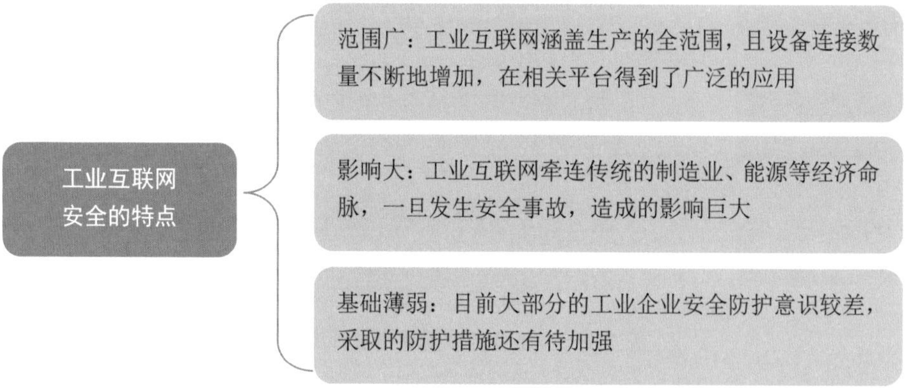

工业互联网安全的特点

范围广：工业互联网涵盖生产的全范围，且设备连接数量不断地增加，在相关平台得到了广泛的应用

影响大：工业互联网牵连传统的制造业、能源等经济命脉，一旦发生安全事故，造成的影响巨大

基础薄弱：目前大部分的工业企业安全防护意识较差，采取的防护措施还有待加强

图 10-5　工业互联网安全的特点

100　工业互联网有什么特征

工业互联网的核心要素是数据，因此探究其与物联网、互联网的差异，首先需要了解工业互联网数据的特征，以及工业互联网自身的特征，具体内容如下。

1. 工业互联网数据的特征

工业互联网的数据来源于工业企业开展的研发设计、生产制造、经营管理、应用服务等业务，表现出不同的形态与种类，呈现出如图 10-6 所示的几个特征。

当然，在数据的分析与处理过程中，工业互联网还具有上述提到的重要性、专业性与复杂性 3 个特征。因此，在工业互联网数据的应用中，加强工业互联网数据安全尤为重要，这具有 3 个方面的战略意义，如图 10-7 所示。

多态性：表现为形态多种多样，例如，以文档、图片等格式存储的半结构化数据

闭环性：工业互联网的数据需要进行状态感知、分析、反馈等持续性地优化

实时性：工业现场对数据的采集、分析等的实时性要求很高

工业互联网数据的特征

强关联性：工业互联网中不同生产环节中的数据具有紧密的联系

可靠性：工业互联网的数据十分注重完整、真实与可靠

更具价值、产权、要素等属性；其数据产生于实际的生产活动中，发挥直接提高生产效率的价值和促进社会经济发展的作用

图 10-6 工业互联网数据的特征

工业互联网数据安全的战略意义

是保障生产活动正常运行的前提。例如，生产控制指令被篡改，容易发生机器故障，影响生产运行

为经济社会稳定发展奠定基础。例如，钢铁、化工等重大项目的数据能够反映企业的核心竞争力，进而关乎国家经济的发展

属于国家总体安全战略的重要组成部分。工业互联网中的关键技术数据，是国家科技实力的表现

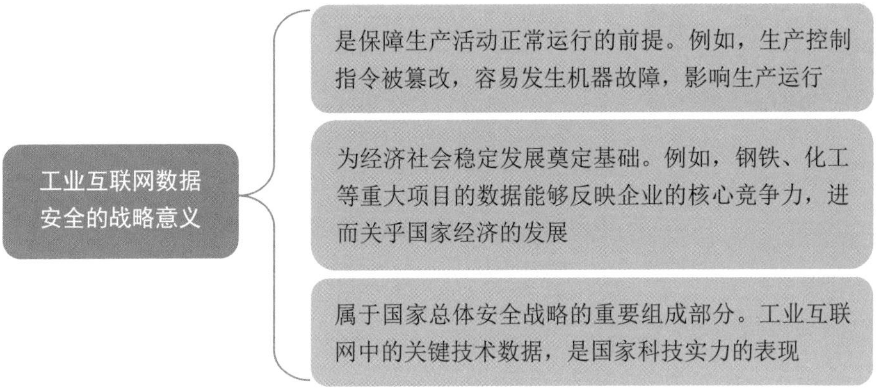

图 10-7 工业互联网数据安全的战略意义

2. 工业互联网自身的特征

与物联网、互联网相比，工业互联网为满足不同的业务需求，会表现出不同的特征，如图 10-8 所示。

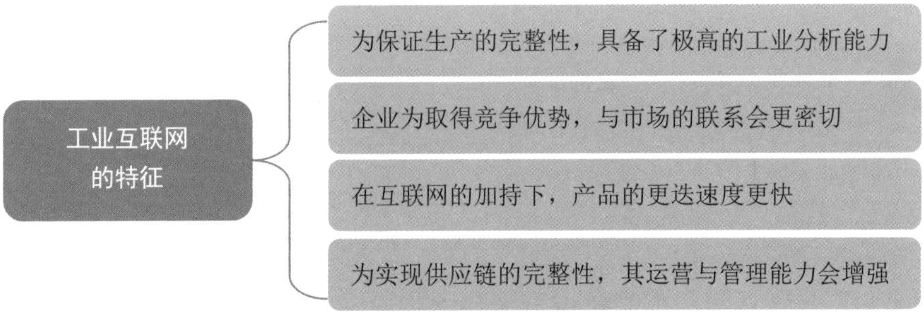

工业互联网的特征

为保证生产的完整性，具备了极高的工业分析能力

企业为取得竞争优势，与市场的联系会更密切

在互联网的加持下，产品的更迭速度更快

为实现供应链的完整性，其运营与管理能力会增强

图 10-8 工业互联网的特征

101　工业互联网的战略意义是什么

现今，工业互联网成为数字经济发展的重要方向，也是我国推动经济社会发展的重要战略。就我国而言，推进工业互联网，具有以下几个战略意义。

（1）工业互联网以其独特的优势，为我国未来经济实现可持续发展奠定基础，具体表现如图 10-9 所示。

工业互联网奠定经济基础的表现

- 工业互联网发挥劳动工具的作用，将人、设备、环境、产品等各个生产要素进行串联，以此创造价值
- 工业互联网发挥新型基础设施的作用，为制造、能源、电力等行业的智能化升级提供网络和平台支持
- 工业互联网催生出一系列的新技术、新应用，成为传统产业升级、产业数字化体系构建的重要驱动力
- 工业互联网可以为定制经济、平台经济、分享经济等新经济形态的培育提供技术或网络支持

图 10-9　工业互联网奠定经济基础的表现

（2）工业互联网是我国进行供给侧结构性改革的重要手段，通过发挥工业互联网改造旧动能、激发新动能的作用，可以实现产业发展高效益。例如，在库存堆积的处理方面，工业互联网可以通过连接企业的生产端与终端用户，全方位地整合资源，以提高库存资源的利用率，从而有效地解决库存处理难题。图 10-10 所示为工业互联网构架下的工业品电商平台功能示例。

专家提醒

PC 的全称为 personal computer，表示用于连接电脑主机的端口。PAD 的全称为 packet assembler and disassembler，表示提供终端到主机的链接服务。ERP 的全称为 enterprise resource planning，指企业资源规划。

（3）工业互联网是我国建设制造强国和网络强国的重要引擎。《中国制造2025》（国家信息科学领域的行动纲领）中强调"以加快新一代信息技术与制造业

深度融合为主线、以推进智能制造为主攻方向"，工业互联网可以为智能制造提供技术支持，从而推动《中国制造 2025》的落地实施。

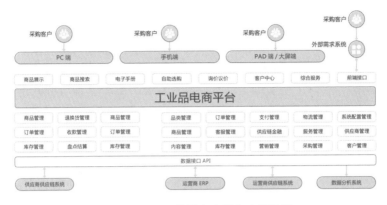

图 10-10　工业品电商平台功能示例

（4）工业互联网是国家信息安全战略的重要组成部分，其建设有助于巩固国家安全防线，具体表现在 3 个方面，如图 10-11 所示。

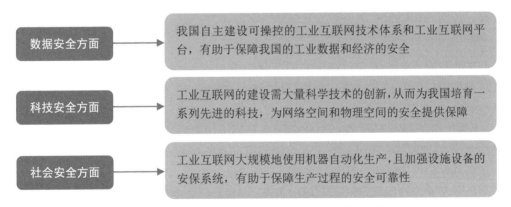

图 10-11　工业互联网巩固国家安全防线的表现

102　全球工业互联网的发展形势如何

随着数字经济的不断推进，全球各国加速工业互联网的发展，市场的技术竞争愈演愈烈，具有以下三大表征。

1. 两极多元的总体格局清晰化

在全球范围内，工业互联网发展比较有代表性的：一是由美国主导的工业互联网联盟（Industrial Internet Consortium，IIC），是工业互联网普及与推广的重要动力，二是德国将工业互联网视作德国工业 4.0 发展战略的核心推进项目。

德国凭借着拥有制造巨头的市场优势，在网络架构、技术标准、信息安全等方面与 IIC 开展合作，推动了 IIC 的技术研发进程，同时也加快了自身工业互联网的建设步伐。

其他国家也纷纷涌入工业互联网的建设工作中，在推进自身国家的工业互联网发展的同时，也借此开展国际合作，以提高国际话语权。例如，日本借助工业价值链创新联盟的力量，加快实现工业互联网产业化，并推工业互联网走向国际；印度则鼓励塔塔咨询服务公司（Tata Consultancy Services，TCS）、印孚瑟斯（Infosys）等巨头企业与美国、德国等国家的企业长期合作，共同建设工业互联网。

2. 以工业互联网平台开展竞争

在工业互联网的建设中，构建工业互联网平台成为企业取得竞争优势的核心所在。例如，美国通用电气公司（General Electric Company，GE）、西门子等工业领域的巨头企业，以及国际商业机器公司（International Business Machines Corporation，IBM）、美国电话电报公司（American Telephone and Telegraph，AT&T）等信息通信领域的巨头企业纷纷利用自身的优势，进行高端、多功能和高服务水平的工业互联网平台建设。

3. 以标准化进行前瞻性战略布局

工业互联网的标准化直接影响着产业的技术体系建构，因此各国极为重视工业互联网标准，并制定了一系列的战略性目标，由此形成了市场上激烈的工业互联网标准竞争。

例如，美国 IIC 与国家标准化组织、开源组织及区域标准研制部门开展深度交流与合作，制定了全球统一的工业互联网标准战略目标；德国"工业 4.0 平台"建立了标准化机构工业 4.0 网络实验室（Lab Networks Industrie 4.0，LNI4.0），专门负责工业互联网标准的研究制定工作。

103　我国工业互联网的现状如何

我国的工业门类众多，生产经验丰富，这就为工业互联网的发展奠定了良好的基础。工业互联网在我国能够稳步推进，主要得益于以下 4 个优势。

（1）稳固的工业大国地位。我国在工业领域的发展相对成熟，这也为工业互联网的发展提供了便利，具体表现如图 10-12 所示。

（2）夯实的网络技术产业。在网络信息技术产业领域，我国拥有大规模的基础设施、先进的技术创新、产业发展竞争力等优势，可以为工业互联网的发展提供网络架构，如图 10-13 所示。

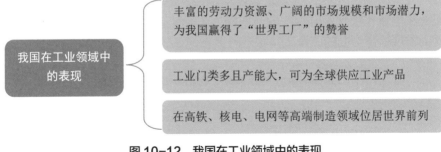

图 10-12 我国在工业领域中的表现

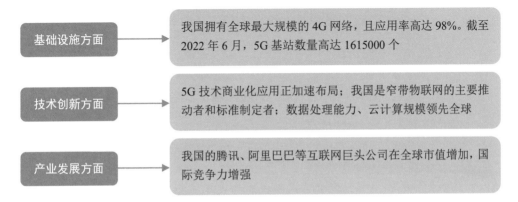

图 10-13 夯实的网络技术产业

（3）较高的信息化应用水平。企业的信息化应用水平随着市场需求和信息技术的发展而不断地提高，举例说明如图 10-14 所示。图 10-15 所示为三一重工使用的"根云"平台介绍。

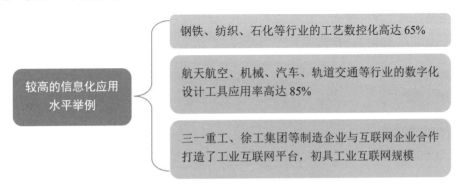

图 10-14 较高的信息化应用水平举例

（4）完善的相关政策出台。我国在《中国制造 2025》《中华人民共和国国民经济和社会发展第十四个五年规划和 2035 年远景目标纲要》和《国务院关于深化制造业与互联网融合发展的指导意见》等文件中强调了推进工业互联网的工作。同时，工业和信息化部积极开展工业互联网相关研究工作，并推出试点项目，为工业互联网的发展提供全面的政策支持和方向指导。

图 10-15　三一重工使用的"根云"平台介绍

专家提醒

　　CMS 的全称为 content management system，指内容管理系统，是一种位于前端服务器与后端办公系统之间的软件系统，内容创作人员使用 CMS 进行内容的提交、修改、审批与发布。IAM 的全称为 Identity and Access Management，指身份管理和访问控制，其主要功能为识别企业人员身份信息和传递数据。IM 的全称为 Instant Messaging，企业 IM 指企业即时通信。

　　虽然我国工业互联网发展的基础尚好，但在推进的过程中，还需在如图 10-16 所示的 3 个方面进一步完善。

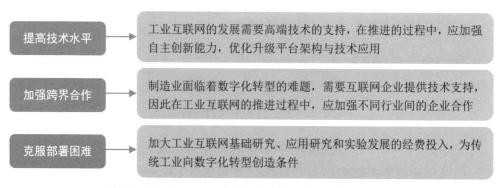

图 10-16　推进工业互联网发展过程中需要完善的方面

104 工业互联网如何推动产业转型升级

当前，全球的工业互联网尚处于探索布局阶段，与美国、德国等发达国家相比，我国的工业互联网尚有较大发展空间，因此应抓住这一机遇加快工业互联网的发展。而工业互联网的发展以促进工业产业向数字化转型升级为目的，为实现这一目的，相关企业或部门在推进工业互联网发展时，可以考虑以下 3 个发展方向。

1. 立足打造产业互联网生态体系

产业互联网生态体系是工业互联网发展的根基所在，主要作用是应对复杂的应用场景与不同的用户需求。立足于打造产业互联网生态体系有助于工业互联网的合理规划与布局，为此需要我国政府给予政策支持以及不同行业企业协同发展，具体说明如图 10-17 所示。

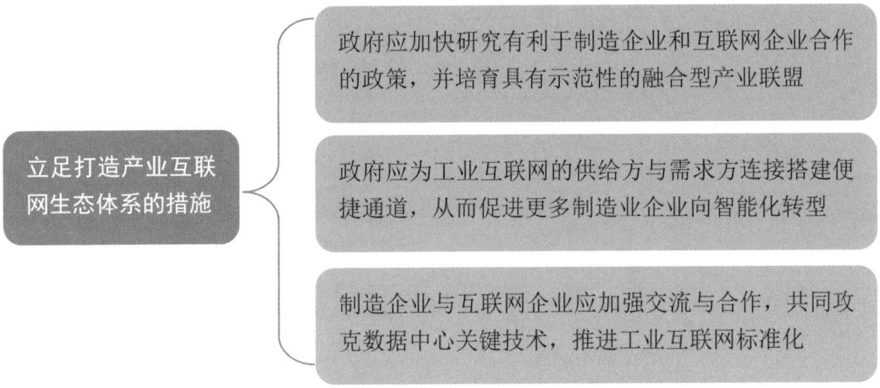

立足打造产业互联网生态体系的措施
- 政府应加快研究有利于制造企业和互联网企业合作的政策，并培育具有示范性的融合型产业联盟
- 政府应为工业互联网的供给方与需求方连接搭建便捷通道，从而促进更多制造业企业向智能化转型
- 制造企业与互联网企业应加强交流与合作，共同攻克数据中心关键技术，推进工业互联网标准化

图 10-17　立足打造产业互联网生态体系的措施

2. 以制度优势为工业互联网助力

我国在社会主义市场经济体制的运行下，有"集中力量办大事"的制度优势，为加快传统产业向智能化转型，可以发挥这一优势。具体而言，我国政府可以给予如图 10-18 所示的便利。

3. 推进工业互联网的先导应用

工业互联网不只局限于工业领域自身的应用，它与交通、能源、农业等行业也有密切的联系。工业互联网可以为交通、能源、农业等行业提供转型升级的经验，相当于以"先导者"的身份，为其他领域的转型升级提供助力。

例如，在江铜贵溪冶炼厂的智能化升级过程中，将车辆管理融入物流作业，用汽车、火车承接运输物料的业务工作，如图 10-19 所示。这一作业包括产业样品加工、样品化验过程、数据处理与管理等环节，实现了样品从进入工厂到走出工厂结算环节的全流程可追溯，是工业互联网发展带动交通智能化的体现。

政府发挥制度优势助力工业互联网
- 政府可以发挥主导作用，通过加大重大、技术型项目的资金投入来完善顶层设计工作
- 深化审批制度改革，可以为工业互联网产业相关产品、业务或模式的发展营造良好的市场环境
- 以"兜底线、促公平"为原则构建监管机制，能够为工业互联网提供安全保障

图 10-18　政府发挥制度优势助力工业互联网

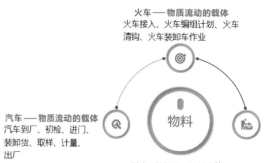

图 10-19　江铜贵溪冶炼厂智能化升级中交通的作用

105　工业互联网平台有哪些类型

工业互联网平台按照不同的业务应用可以分为不同的类型，但从服务对象和应用领域上来看，其大致可以分为资产优化平台、资源配置平台和通用使能平台，具体介绍如图 10-20 所示。

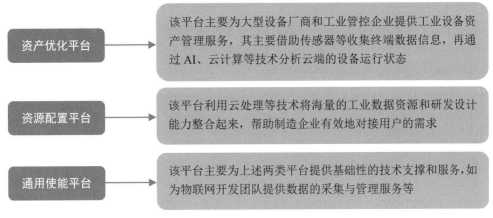

图 10-20　工业互联网平台的类型

106　工业互联网平台如何架构

我国工业互联网产业联盟在工业和信息化部的指导下，编制了《工业互联网术语与定义（版本 1.0）》报告，该报告指出"工业互联网平台是面向制造业数字化、网络化、智能化需求，构建基于海量数据采集、汇聚、分析的服务体系，支撑制造资源泛在连接、弹性供给、高效配置的工业云平台"。

从中可以归纳出工业互联网平台具有泛在连接、云化服务、知识累积和应用创新等特征，能够帮助企业实现智能化业务供应。总的来说，工业互联网平台主要通过 3 个层次的技术与设备架构发挥作用，如图 10-21 所示。

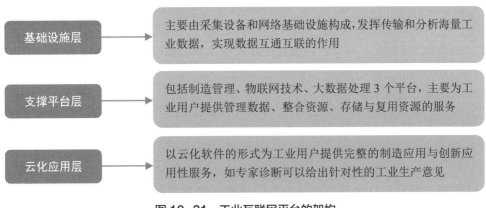

图 10-21　工业互联网平台的架构

图 10-22 所示为用友精智推出的"工业互联网＋产业集群／工业园区"平台，这是一个社会化的智能云平台，能够帮助工业企业实现数字化转型，并促进生产方式乃至商业模式的变革。其中，YonSuite 是一个基于云原生架构的云服务平台，其能够为成长型企业提供数字化云服务。

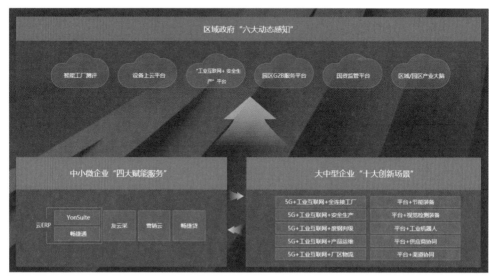

图 10-22　"工业互联网＋产业集群／工业园区"平台

107　工业互联网平台的应用场景有哪些

在工业的生产过程中，工业互联网平台有 4 种主流的应用场景，即优化工业现场的生产过程、优化企业运营的管理决策、配置与协同社会化生产资源、优化与管理产品的全生命周期。本节将详细介绍这 4 种工业互联网应用场景。

1. 优化工业现场的生产过程

工业互联网平台可以为制造企业提供优化工业现场生产过程的帮助，具体表现在 5 个方面，如图 10-23 所示。

2. 优化企业运营的管理决策

在企业运营管理方面，工业互联网平台可以为企业提供供应链管理、生产管控、决策管理等帮助，从而提高企业自身的经营管理水平和创新精益化管理模式，如图 10-24 所示。

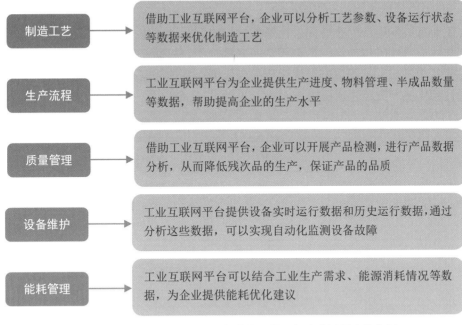

图 10-23 工业互联网平台在优化工业现场生产过程中的作用

优化企业运营管理决策的具体内容

在供应链管理方面，工业互联网平台为企业提供合理的采购决策、库存管理建议

在生产管控方面，借助工业互联网平台，企业可以将生产现场与企业管理融为一体，提高管理水平

在决策管理方面，工业互联网平台能够为企业整合内、外部数据，从而提高企业决策的正确性与高效性

图 10-24 优化企业运营管理决策的具体内容

专家提醒

　　在企业进行决策管理时，工业互联网平台一方面可以帮助企业进行内部数据的全面感知与分析，实现企业的内部智能化监测；另一方面可以综合分析企业内部数据和外部市场数据，帮助企业降低决策的失误率。

3. 配置与协同社会化生产资源

工业互联网平台为企业提供合理配置与协同社会化生产资源帮助，使制造企业能够与供应链中的供应商、厂商等企业开展合作，打通产品设计、原料采购、物流运输等各个环节，从而更好地优化产品与服务。具体而言，工业互联网平台配置与协同社会化生产资源表现在如图 10-25 所示的 3 个方面。

配置与协同社会化生产资源的表现

工业互联网平台可以集成供应链各环节中的企业系统，促进各企业间协同合作，从而提高资源利用率

工业互联网平台可以帮助制造企业的闲置能力向外开放，为制造企业增加生产订单，从而增加企业效益

工业互联网平台还可以直接连接制造企业与终端用户，实现个性化定制产品或服务

图 10-25　配置与协同社会化生产资源的表现

4. 优化与管理产品的全生命周期

在产品的全生命周期管理中，企业借助工业互联网可以对产品的设计、生产、运行、售后等数据进行全方位管理，从而实现产品的更新迭代，以更好地适应用户不断增长的需求，详细内容如下。

（1）企业借助工业互联网平台记录产品的设计、生产等信息，形成产品档案，为有需要的用户提供产品详情公示。

（2）企业可以通过工业互联网平台对产品进行数据分析，及时获得用户的反馈，从而对产品进行调整与优化。

（3）企业可以根据工业互联网平台中用户使用产品的反馈数据，来进行产品的升级与迭代。

108　工业互联网的应用案例分析

工业互联网主要以平台架构的方式应用于化工、能源、冶金、汽车汽配、机械加工等行业，且按照工业企业的不同业务来构建不同的平台。下面以化工行业中鲁西集团的工业互联网平台架构为例，来分析工业互联网的应用，如表 10-1 所示。

表10-1　鲁西集团的工业互联网平台架构

涉及方面	具体内容
集团介绍	鲁西集团是国有控股的大型综合性化工企业集团，拥有基础化工、化工新材料、化肥、设计研发、化工工程等产业板块，且形成了完整的煤、盐、氟、硅、石油相互关联的产业链
需求分析	(1) 鲁西集团需要"助手"型的业务工具，要求能够提高管理与决策的数据支撑和关联性分析； (2) 结合企业的经营模式与业务分析，该集团的营销模式需要向客户导向转型； (3) 该集团的生产、发展以"安全、绿色、循环"为原则
数字化方案	(1) 借助用友的技术平台实施财务共享、工程项目管理、资金全模块、开发付款功能、电子承兑汇票接口、财务供应链、人力资源系统，来实现与商城、物流、采购网、BPM（business process management，业务流程管理）、无人值守系统的深度集成； (2) 营销端打通了下单支付、物流配载、结算对账和ERP等环节，提供预售、竞价、结合竞价等多种销售服务，实现了所有化工产品都是线上销售、线上收款。同时与物流平台无缝衔接，包括GPS（Global Positioning System，全球定位系统）定位，以车源和货源物流抢单配送模式来运行； (3) 构建了一个完整的智慧化工数字化平台，以管理、服务为中心，围绕安全、环保、应急、能源、安防等要素，加上后台ERP、物流、电商、综合门户、设备交易、智慧招商等，组成整个数字鲁西主体平台

　　鲁西集团通过该平台的构建，实现了安全环保监管的全覆盖、自动化生产工艺高效稳定、系统长周期与高质量地运行，这些优势最终为该集团带来了更高的效益与效率。